本书的出版得到
国家重点文物保护专项补助经费资助

临沂洗砚池晋墓

山东省文物考古研究所
临沂市文化广电新闻出版局 编著

文物出版社

图书在版编目（CIP）数据

临沂洗砚池晋墓/山东省文物考古研究所，临沂市文化广电新闻出版局编著．－北京：文物出版社，2016.8

ISBN 978-7-5010-4676-8

Ⅰ.①临… Ⅱ.①山… ②临… Ⅲ.①墓葬（考古）－发掘报告－临沂市－晋代 Ⅳ.①K878.84

中国版本图书馆CIP数据核字(2016)第184951号

临 沂 洗 砚 池 晋 墓

编　　著：山东省文物考古研究所
　　　　　临沂市文化广电新闻出版局

封面设计：秦　彧
版式设计：秦　彧
责任编辑：秦　彧　王　伟
责任印制：梁秋卉

出版发行：文物出版社
地　　址：北京市东直门内北小街2号楼
邮　　编：100007
网　　址：http://www.wenwu.com
邮　　箱：web@wenwu.com
制版印刷：北京荣宝燕泰印务有限公司
经　　销：新华书店
开　　本：889mm×1194mm　　1/16
印　　张：12
版　　次：2016年8月第1版
印　　次：2016年8月第1次印刷
书　　号：ISBN 978-7-5010-4676-8
定　　价：260.00元

Jin Tombs at Xiyanchi, Linyi

by

Shandong Provincial Institute of Cultural Relics and Archaeology

Linyi Municipal Bureau of Culture, Radio, Film, TV, Press and Publication

Cultural Relics Press

晋墓编辑委员会

目　录

临沂洗砚池晋墓

第三章 二号墓（M2） ································ 130

插图目录

临沂洗砚池晋墓

第一章　概述

第一节　地理环境与历史沿革

一　地理环境

临沂市位于山东省东南部，因濒临沂河而得名。临沂市地近黄海，东连日照，西接枣庄、济宁、泰安，北靠淄博、潍坊，南邻江苏省，地跨北纬34°22′～36°13′，东经117°24′～119°11′，南北最大长距228、东西最大宽度161千米，总面积17191.2平方千米，是山东省面积最大的市。

临沂市地处鲁东南低山丘陵，地势西北高东南低，地形复杂，局部差异明显。域内层峦叠嶂，千峰凝翠；丘陵逶迤，连绵起伏；平原坦荡如砥，一望无际。河道纵横交错，碧水如练。山地、丘陵、平原面积约各占全市总面积的三分之一。山地集中分布在沂水、沂南、蒙阴、平邑、费县、莒南等县，地势较高，海拔一般400米以上。山地植被比较茂密，是发展林果业、畜牧业的主要基地。丘陵主要分布于山区外围的沂水、沂南、莒南、兰山、苍山、临沭、郯城、平邑等地，以沭河以东分布最广，海拔一般200～400米。丘陵地带的土壤砂性大，适耕性好，土层较薄，保水肥能力差，适宜发展防护林和经济林，是花生、地瓜、玉米、黄烟等农作物的主要产地。平原有沂沭河冲积平原、山间沟谷平原、涝洼地平原。沂沭河冲积平原主要分布在沂水南部、沂南东部、河东、兰山、罗庄、苍山、郯城。临、郯、苍一带平原土层深厚，土质肥沃，是粮食和蔬菜主要产区，素有"粮仓"之誉。山间沟谷平原主要分布在费县、平邑中部，蒙山前平坦谷地，蒙阴、沂南、沂水等县的山间沟谷之中，土层深厚，质地适中，多种小麦、玉米等农作物。涝洼地平原主要分布于苍山和郯城南部，土壤黏重，排水不畅，易涝，多种小麦、水稻、蔬菜等农作物。

临沂市内地质构造复杂，地层发育比较齐全。境内山脉自北而南有鲁山、沂山、蒙山、尼山四条主要山脉，较大山头800余座，海拔一般200～500米。其中海拔500米以上的山峰有500余座，海拔1000米以上的山峰有10余座，秀出云表，风光壮丽。蒙山海拔1156米，为山东第二高峰，素有"岱宗之亚"之称，自古为宗教文化名山。沂山海拔1032米，古称东镇，位居五镇之首，山峦清秀，风景幽奇。马鬐山、羽山、天宝山、文峰山、甲子山、银雀山、马陵山、蒙阴山、苍山、艾山等都以各自的雄奇、胜迹、史事、人物、传说、物产等特点闻名遐迩。境内有不少由自然形成的桌状山，当地称为"崮",素称沂蒙七十二崮,其实有百余崮之多,百崮雄姿,不仅在中国大地上是一大奇观,在世界也极为罕见。

临沂市北、西、东三面群山环抱,水系较为发达。境内水系发育呈脉状分布,有沂河、沭河、中运河、滨海四大水系,区域划分属淮河流域。主要河流为沂河和沭河,有较大支流1035条,中、小支流15000余条。10千米以上河流300余条。沂河主源发源于沂源、蒙阴、新泰交界处的老松山北麓。流经沂水、沂南、兰山、河东、罗庄、苍山、郯城等县区,流入江苏省境内后注入黄海,全长570千米,境内流长287.5千米。较大支流有东汶河、蒙河、柳青河、涑河、李公河、白马河等,流域面积10790余平方千米。沭河发源于沂山南麓,流经沂水、莒县、河东、临沭、郯城等县区,至江苏省境流入黄海,境内流长252.6千米。较大支流有浔河、高榆河、汤河分沂入沭水道、夏庄河、朱范河等,流域面积5320平方千米。沂、沭两河流域面积占全市总面积的百分之七十以上。属中运河水系的河流有武河、武河引洪道、东加河、西加河和燕子河等,都经苍山县境内,南至江苏省境流入中运河。滨海水系河流有绣针河、相邸河、青口河等,皆入黄海。沂、沭河及较大河流,为古代人的交通提供了便利,流域内水量充沛,资源丰富,形成了人口集居的城镇和村落,哺育了世世代代的临沂民众。

临沂地域所处地理位置和特殊的地形、地貌、山脉、河流,形成具有鲜明特色的气候和水文。临沂气候为暖温带季风大陆性气候,四季分明,雨量充沛,气候温和,全年平均气温14.1℃,极端最高气温36.5℃,最低气温−11.1℃,年平均降水量849毫米,全年无霜期200天以上。土地是人类最基本的自然资源,是人类赖以生存和发展的物质基础,临沂市土地总面积为1718992.74公顷,占全省土地总面积的10.93%。其中山地面积313855.00公顷,占18%;丘陵为758812.00公顷占44%;平原洼地46341.00公顷,占38%。土壤类型可分为五类:棕壤类占14.2%、褐土类占33.7%、潮土类占16.3%、砂姜黑土类占5.4%、水稻土类占3.4%。

总之,临沂市有着优越的地理位置,丰富的资源,肥沃的土地,怡人的气候,人类宜居的生存环境,从而奠定了从古到今临沂人繁衍生息的物质基础,造就了临沂丰富多彩的历史文化。

二　历史沿革

临沂市历史悠久,是中华文明的重要发祥地之一。早在数十万年以前,人类的祖先就在这块土地上繁衍生息。

在临沂市境内,目前已发现多处距今二十万年以前的旧石器时代早期文化遗存,沂水西水旺地点是山东地区目前发现最早的旧石器遗存,年代为旧石器早期;郯城望海楼地点则是旧石器末期的代表。山东细石器文化遗存就是20世纪80年代首先在临沂地区发现认知的,目前在沂、沭河流域已发现了近百处细石器文化遗存,是山东地区细石器文化遗存最为丰富的地区,临沂凤凰岭、郯城黑龙潭是沂、沭河流域细石器遗存最重要的地点,距今两万年前后。进入新石器时代,该地区是山东文物重点分布区,经历次文物普查,目前已发现北辛文化遗址9处、大汶口文化遗址200余处、龙山文化遗址130余处，几乎遍布全境。早在5000年以前，这里的先人们就掌握了酿酒技术、使用砭石治病的技术等。

商周时期，临沂方国林立。商代即有郯、莒、费诸方国。周灭商后，鲁国和齐国是周王朝控制东方的重要支柱，临沂地域除分属齐、鲁等国外，见于《春秋》的还有颛、阳、向、莒、郯、根牟、於馀丘、杞等国以及启阳、中丘、祝丘、费、防、台、东阳、武城、丘舆、向、次室、蒙、郓、堂阜、盖、艾、纪障、密、鄅陵等20个大城邑，是这一地区经济文化发达的标志。战国时期，域内诸封国先后为齐、楚所兼并，至战国末期，南部属楚，北部属齐。

秦朝统一，地方实行郡县制，全国分为三十六郡，临沂地域属琅琊郡和郯郡。

西汉时期，郡国并行。临沂分属徐州之琅琊国、东海郡、城阳国和兖州之泰山郡。东汉承西汉制度，分属徐州之利城郡、东海郡、琅琊郡、琅琊国和兖州之泰山郡、东莞郡、东安郡和城阳国。

三国时期，属魏国。至魏末，分属东海国、琅琊国、东莞郡、泰山郡。

西晋时期，分属徐州之琅琊国、东海郡、兰陵郡、东莞郡、兖州之泰山郡。晋室南渡后，地域先后属于后赵、东晋、前燕、后燕、南燕、前秦和北魏。

隋朝分属沂州（琅琊郡）、泗州（下邳郡）、密州（高州郡）、海州（东州郡）、徐州（彭城郡）。

唐朝分属沂州（琅琊郡）、密州（高密郡）、徐州（彭城郡）。

北宋分属沂州（琅琊郡）、密州（高密郡）、淮郡等。宋室南渡后，分属于金朝山东东路的沂州、莒州、邳州、泰安州。

元朝分属兖州府和青州府。

清初因之，清雍正十二年（公元1734年）升沂州为府，置附郭兰山县，降莒州为散州。属沂州府。有兰山、郯城、费县、沂水、蒙阴、日照、莒州6县1州。

民国初废府撤州，实行省、道、县三级制。1913年撤销沂州府，改莒州为莒县。1914年分山东省为4道，改兰山县为临沂县，临沂地域分属济宁道和胶东道。1918年撤销。1936年划为山东省第三行政督察专员公署。

新中国成立后，临沂地域分属沂蒙、尼山、台枣、滨海4个专区。1950年5月，成立沂水专区和临沂专区。1953年1月将原属临沂专区的赣榆、东海、邳县、新县海连市划归江苏省。1953年7月，沂水专区撤销，除日照县划归胶州专区外，所辖其余各县皆划归临沂专区，同时，原属滕县专区的平邑县亦并入临沂专区。1956年3月，日照县划归临沂专区。至1961年4月，临沂专区辖临沂、郯城、苍山、临沭、莒南、沂南、沂水、沂源、蒙阴、平邑、费县、日照、莒县13个县市。1989年，日照市升格为地级市。同年沂源县划归淄博市。1992年，莒县划归为日照市管辖。至此，临沂地区辖临沂、郯城、苍山、莒南、沂水、蒙阴、平邑、费县、沂南、临沭10个县市。1994年12月，撤销临沂地区和县级临沂市，设立地级临沂市，辖兰山、罗庄、河东3区和郯城、苍山、莒南、沂水、沂南、平邑、费县、蒙阴、临沭9县。

第二节 发现与发掘经过

一 发现经过

洗砚池晋墓位于临沂市兰山区王羲之故居公园院内东北部，南距洗砚池街约200、北距兰山路约100、东至沂蒙路约270米（图一、二）。

2003年4月30日，在王羲之故居公园扩建工程东配殿基槽施工过程中，在基槽东北角挖出数块青砖，系墓葬顶部的券砖，墓顶被机械挖出一个小洞口，部分青砖掉落墓内。施工人员迅速报告给了王羲之故居公园的领导，时任临沂市市委书记李群同志正好在工地视察，接到报告后，他和故居公园领导一起察看了现场。李群同志对此予以高度重视，批示在王羲之故居内发现古墓，非常重要，一定要保护好、发掘好。同时电话通知了当时临沂市文化局局长王长利同志，王长利又电话通知了临沂市文物保护办公室，临沂市文物办即委派宋彦泉和邱波同志到施工现场调查核实情况。在现场看到，挖掘机将古墓顶部挖开一个长约40、宽约30厘米的洞。从破坏的洞口上部用手电可以看到墓室内空间较大，墓底滚落着各类文物，时任临沂市考古队队长的宋彦泉，从现场情况初步断定是一座魏晋时期的古墓（M1），且没有被盗的迹象，具有较高的历史和考古价值。随后，立即采取措施，将墓室顶部的洞口封护，并向临沂市有关领导做了汇报。临沂市文化局责成临沂市文物保护办

图一 洗砚池晋墓位置示意图

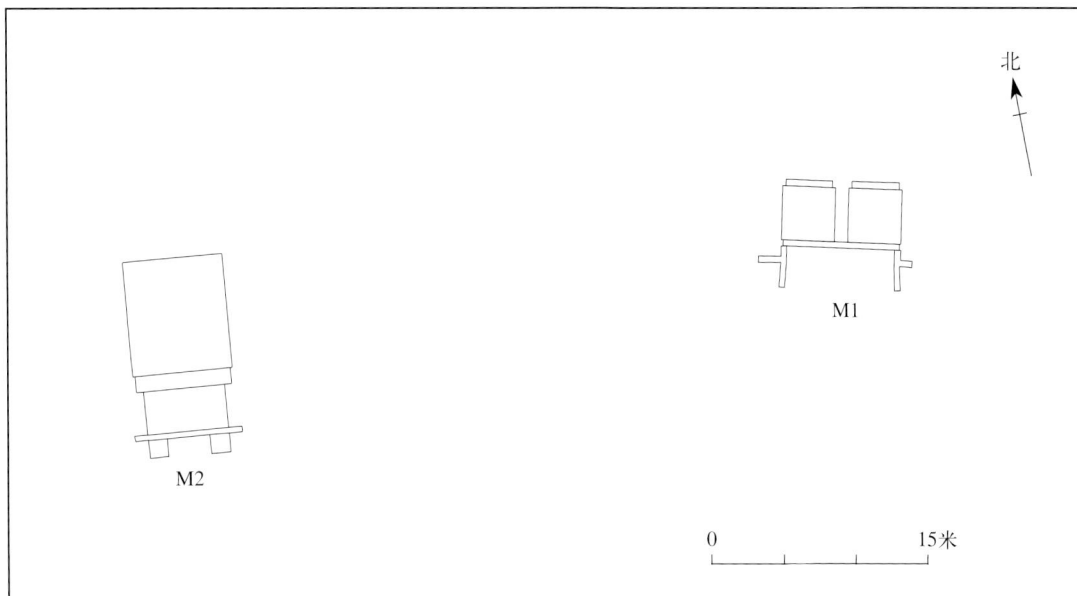

图二　洗砚池晋墓分布平面图

公室一边制定保护与抢救发掘工作方案，一边向山东省文物管理部门汇报。4月30日晚，时任临沂市文化局分管文物副局长李新华同志召集文物办、博物馆会议，对抢救性发掘工作进行了具体分工。5月1日，临沂市政协主席张洪涛同志在王羲之故居召开了专题会议，通过了"王羲之故居整修工程工地古墓抢救发掘工作方案"，并成立了由临沂市政府、市政协、市容局、公安局、财政局、文化局等部门组成的抢救发掘保护协调小组，随即开展考古发掘工作。

二　发掘经过

5月2日，发掘工作全面展开。由于准备迎接纪念王羲之诞辰1700周年系列活动，公园扩建工程正全面施工，扩建工程工期十分紧张。而发现墓葬之上及周围均为施工场地或料场，墓葬发掘场地也很有限。墓葬顶部残存部分封土，为不影响扩建工程进度，因此墓葬封土发掘工作昼夜进行。封土发掘自上而下逐层清理。至5月7日，封土清理基本完成，暴露出墓门前的封门砖。在取得封门砖的考古资料后，保留了两墓室中间一段封门砖，其余全部清理，暴露出东、西两个墓室的墓门。经过研究，决定先清理东室，后清理西室，分阶段进行，积累经验，确保发掘质量。5月8日，东墓室清理工作正式开始，至5月13日，清理工作基本结束。同日，山东省文化厅文物管理处处长王永波、山东省文物考古研究所副所长郑同修到现场视察后，向省文化厅领导做了汇报。山东省文化厅领导十分重视，委派郑同修同志立刻进驻工地，作为考古领队具体领导本次发掘工作。西墓室的发掘从5月11日开始，至16日基本清理完毕（图三～六）。

但是，由于工程施工现场的限制，一号墓的清理仅仅完成了墓室内发掘工作，而对于该墓葬墓圹结构、墓道情况、天井尚不清楚。墓葬的周边或为公园建筑施工现场，或为置放各类建筑材料的货场，也没有办法进行全面考古勘探，仅仅在有限的间空进行勘探调查，当时并未发现其他遗迹现象。

图三　发掘现场

图四　发掘现场

图五　M1清理现场

图六　M1西墓室清理现场

　　至6月7日，扩建工程施工过程中，又在已发掘墓葬的西南发现青砖，经现场调查，确认又是一座较大型古墓葬（M2）。考古队遂继续进行发掘工作。发掘工作从6月8日开始，到7月2日结束，历时20余天（图七、八）。

　　在墓葬发掘过程中，临沂市市委、市政府领导高度重视，主要领导多次到发掘现场视察指导工作。公园建设指挥部时任领导也高度重视，为发掘工作停止建筑施工、挪料场、提供发掘工作需要的支撑保护设备等等，各方面都给予了大力支持。时任临沂市文化局局长王长利、副局长李新华同志主要精力也放在了发掘工地。临沂市文管办、临沂市博物馆几乎全体同志都直接参加了考古发

图七　M1清理现场

临
沂
洗
砚
池
晋
墓

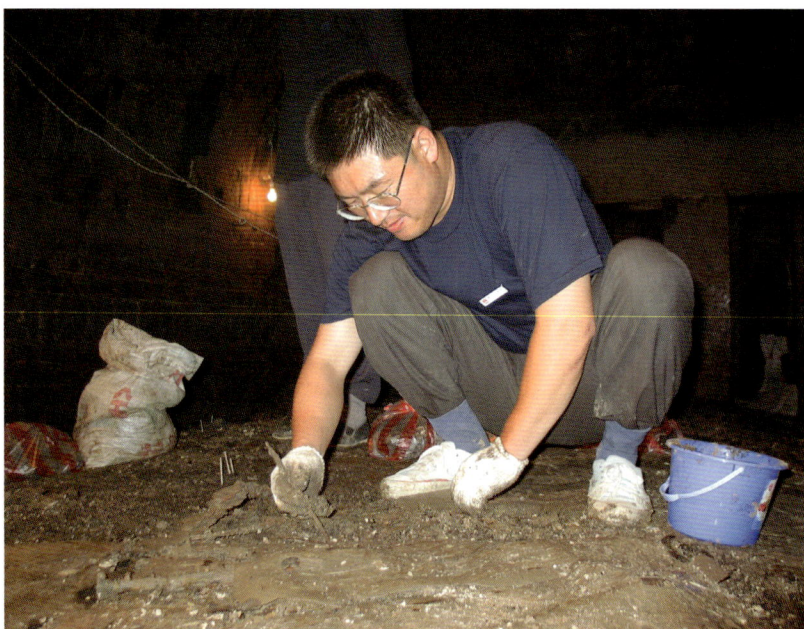

图八　M1清理现场

掘、安全保卫、文物清理、清点和后续保护工作。当地公安干警24小时轮流值班，为墓葬发掘工作提供了坚强的保障。保护发掘协调小组各有关单位，从不同的角度给考古发掘工作予以大力支持。

先后参加发掘工作的主要成员有郑同修、胡常春、王保安、李玉亭、宋彦泉、冯沂、闫光星、邱波、吴瑞吉、张子晓、李斌等，临沂市文管办、临沂市博物馆其他同志也都参加了相关工作。

第二章　一号墓（M1）

第一节　墓葬形制

一号墓（M1）位于王羲之故居公园内东北部。此处为一高台地，面积约1万平方米。据了解，原最高处位于一号墓西侧约30米的地方，高出周围地面约10米，是临沂老城区内的最高点，临沂市气象局曾在此安置了气象观测台。发掘证实，此处高地应属于残存的墓葬封土。墓葬由封土、墓道、前庭、墓室四部分构成。

（一）封土

原高台地即为墓葬封土的残存，一号墓葬的封土与二号墓葬的封土连成一体，从发掘情况看，二号墓葬封土叠压一号墓葬封土，确证了两座墓葬的层位关系。

一号墓葬封土距离墓顶高2～3米。墓室周围的封土为夯筑而成，接近墓室顶部部分则为堆筑，其上为夯筑，整个墓顶铺一层薄石灰层。墓室周围及前庭院内的填土则由黄褐色土层与石灰层交替夯筑而成（图九），因扩建工程在墓葬周围已建有新建筑，无法进行勘探和发掘，故一号墓葬封土的准确范围并不清楚。

图九　M1墓室填土

（二）墓道

在墓室的南部，因南侧已有现代建筑，无法进行勘探和发掘，故长度、宽度及加工情况不明。

（三）前庭

墓室的南部为庭院，略呈梯形，其北部即为墓门。其北部宽7.15、南部宽7.55米。庭院近墓室部分东西两侧分别建筑有挡土砖墙，挡土墙的北端与墓室墓壁连为一体，南端略向外张，东西宽7.95米。暴露部分南北长约5.40米，其南部已被现代建筑占压。

东侧挡土墙南北长2.70米，分为两部分。北部为高墙，高与墓室顶部平齐，南北长1.10米，墙体下部砌筑方式为一顺一丁砌法，中部为7层砖平砌，南侧为竖砖。上部为一顺一丁二组，其上为7层平砖。低墙矮于高墙1.66米，向南延伸1.60、高1.60米；砌筑方式为平砖垒砌。西侧挡土墙与东侧结构基本一致，南北长2.70米。两侧挡土墙外又各有一道横向砖墙，各长2.00米。墙壁用砖有两种，高墙上7层平砖为楔形砖，规格为46×（20～30）×11厘米，其余为长方形砖，规格为38×19×8厘米（图一〇、一一）。

西侧前庭活动面上铺有铁锈色土，厚2.0厘米不等。

图一〇 M1东挡土墙

图一一　M1西挡土墙

（四）封门墙

墓室门外砌封门墙，东西封至两端挡土墙。高1.65、底宽1.04、顶宽0.30米，系用楔形砖以宽窄一端交错平砌而成。封门墙自下而上呈阶梯状内收，共分四级。自下而上，第一级4层砖，高0.44米；第二级5层砖，高0.55米；第三级5层砖，高0.55米；最上层为一层砖平铺，厚0.11米（图一二）。在

图一二　M1封门墙

最上层的中间有一块长方形立砖，砖西侧放置有青瓷四系罐、瓷砚滴、陶羊、铜钱、蚌壳等，应为祭祀用品。楔形砖规格为46×（20～30）×10.5厘米（图一三）。

图一三　M1封门砖及出土文物

（五）墓室

为砖石结构双室券顶墓，东西宽8.00、南北纵长4.30、高3.40米。墓门南向，方向190°（图一四～一六）。两墓室并列，皆为长方形。东室西壁与西室东壁之间相隔0.90米，形成一夹道。两室南壁为一整体，东西长7.85、高3.60米。除两墓门用青石凿制安装外，其余均为长方形青砖，以二顺一丁方式砌成。

两室墓门为形制结构相同的石框双扇石门，尺寸基本一致，均由门楣、门扉、立柱构成。

东室门楣为一整块长条石，中间已断裂。长3.20、厚0.35、高0.39～0.45米。门楣下分列四根方形石立柱，立柱分别高1.14、宽0.25、厚0.36米。将墓门分隔成正门和两侧的掖门。墓正门为双扇，每扇各为一整块规整的石板。门总宽1.25、高1.20、厚0.11米。两侧的掖门，大小相近，高均为1.14米，东掖门宽0.35、西掖门宽0.45米，以砖平砌封堵。墓门用石均较为规整，无纹饰。

墓葬用砖均为青灰色，分长方形、楔形两类。长方形砖主要用于砌筑墓壁、铺地、封门、砌筑挡土墙等。尺寸略有不同，长、宽、厚分别为49.5×22.5×11、47×21×10、43×23×11、43×22×6.5、38×19×（7.5～8）、37×（18～19）×8厘米六种规格。楔形砖主要用于起券和封顶，也用于封门墙和挡土墙。规格有两种，分别为46×（20～30）×10.5厘米和39×（19.5～28）×10.5厘米（图一七～一九）。

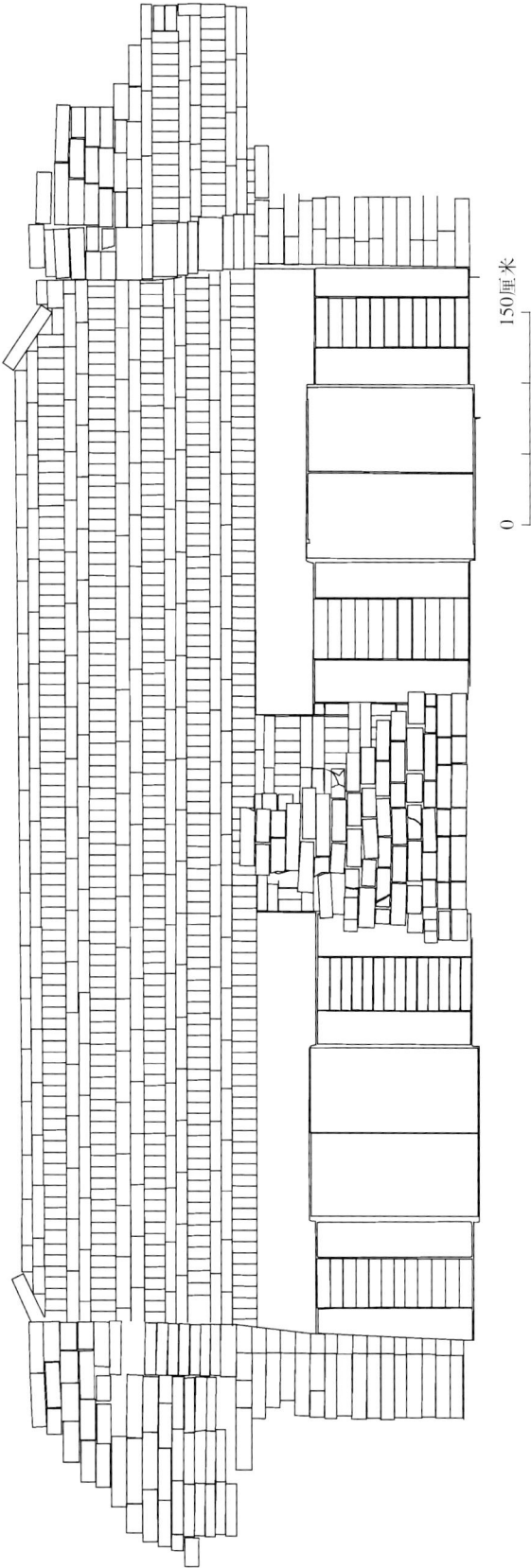

图一四 M1墓门正视图

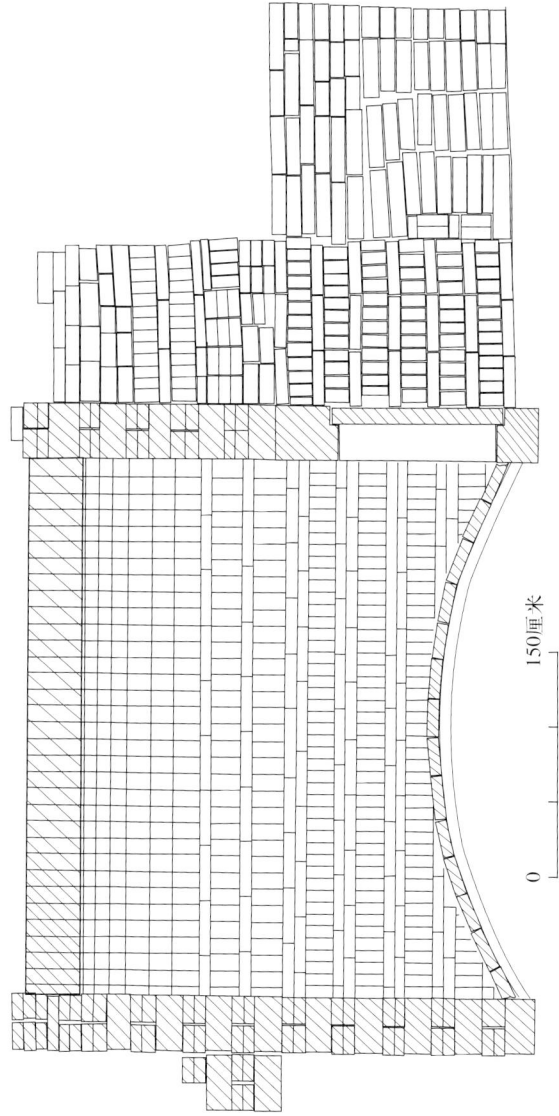

150厘米

0

图一五 M1东室纵剖视图

150厘米

0

第二章 一号墓（M1）

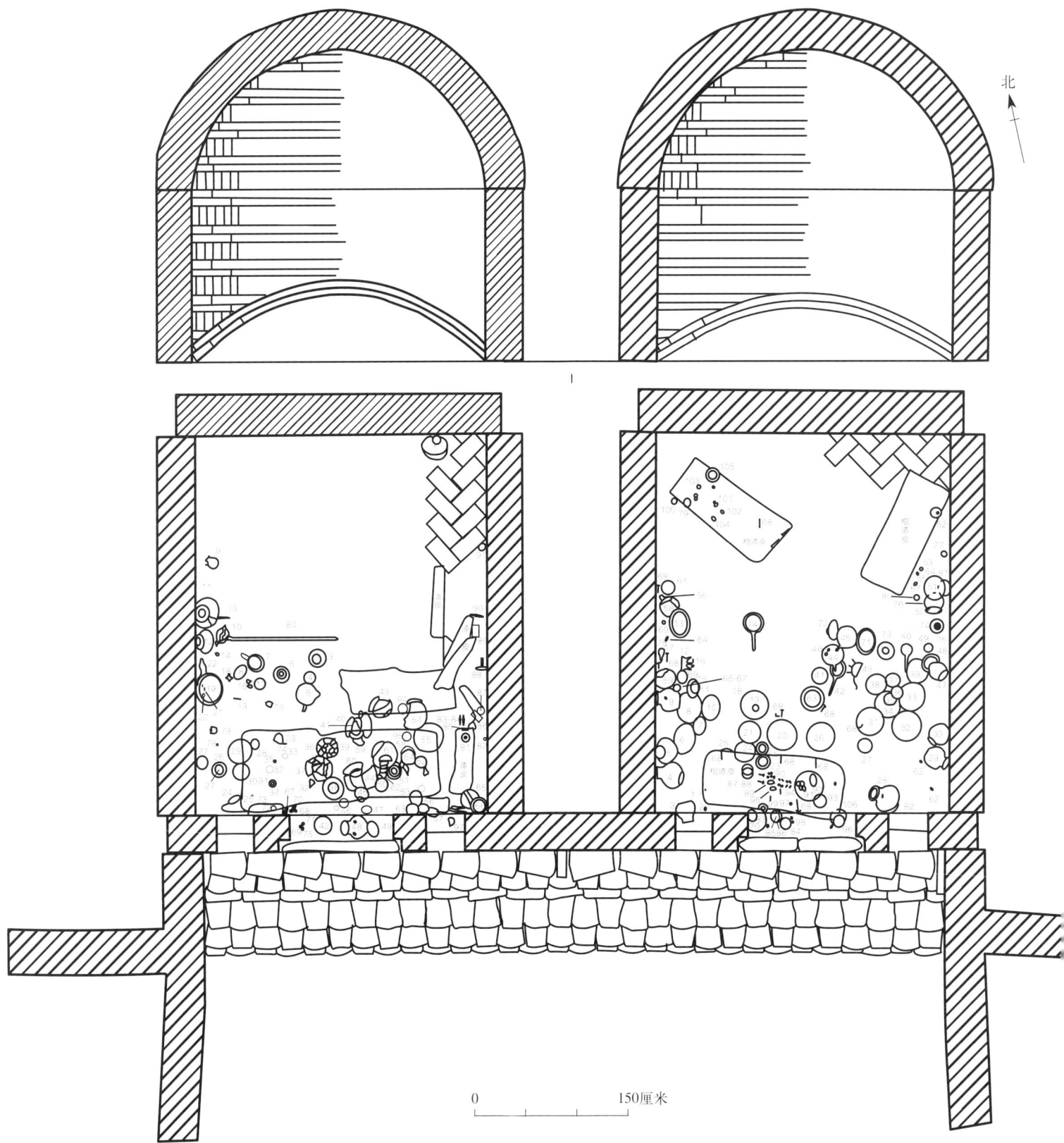

图一六　M1平、剖面及出土随葬品分布图

东室：1. 料珠　2、62. 云母片　3~5、9、28~30、47. 青瓷盘口壶　6、8、10、18、20、21、24~26、31~34、38、39、91. 陶盘　7、23、27、36. 陶高足盘　11. 铜灯　12、43. 铜鐎斗　13、48. 铜洗　14、40、42. 铜熨斗　15. 酱釉双系壶　16、46、53、54、90、94、101（3件）. 银铃　17、57、69、98、103. 金珰　19、56、74. 酱釉壶　22、35、37、82、87、88、93、96. 青瓷钵　41. 铜三足炉　44、45. 铜魁　49. 铜单耳杯　50、52. 青瓷鸡首壶　51. 漆盘形器　55. 铜饰件　58、59、63、65、71、73、75、76、105、106. 漆盘（含残片）　60、97. 铜环　61、81、92. 铁镜　64. 珍珠　66. 漆杯　67、83、85、99. 漆单把杯　68. 铁棺钉　72、107. 漆耳杯　77、79. 漆壶　78. 漆勺　80. 漆盒、串饰　84、86. 漆钵　89、95、102（4件）、104（2件）. 金环　100. 漆盒盖　108. 金泡（6件，整理时发现，未在图上标出）　109. 骨串饰（2件，整理时发现，未在图上标出）

西室：1、12、48. 青瓷盘口壶　2. 铜鼎　3. 铁器　4、7、47. 铜鐎斗　5. 铜魁　6. 铜承盘灯形器　8. 铜鐎盉　9. 青瓷鸡首壶　10. 铜凤形熏炉　11. 青瓷坛　13. 铁棺钉　14. 云母片　15. 金珰　16. 铜铺首（2件）　17、33、56、58、64. 漆盒（含残片）　18. 铜柿蒂形组座　19. 铜洗　20、35、71、78、82. 银铃　21. 煤精兽（铜洗内）　22. 青瓷烛台　23、26、30~32、39、57、77. 漆盘（含残片）　24. 漆盆　25、69、70. 铜钱　27、46. 铁镜　28、36、49、63. 青瓷钵　29、37、40、43、44、54、55、61. 陶盘　34. 釉陶壶　38. 青瓷熏炉　41. 铜釜形器　42. 青瓷碗　45. 铜壶　50~53. 陶高足盘　59. 海螺　60. 铜器残片　62. 漆耳杯　65. 铜灯　66. 铁灯　67. 玉剑璏　68. 青瓷鼠　72. 酱釉壶　73. 漆钵　74. 珍珠　75. 贝壳　76. 铜带钩（棺下中部，未上图）　79. 木箧　80. 环首铁刀　81、87. 青瓷砚（为同一件，81为盖）　83、84、90. 骨镰　85. 骨筒形器　86、89. 石黛板　88. 铜仙人骑狮器　91. 铜碗　92. 铜带钩（漆皮下砖缝内）　93. 金珰（未上图）　94~97. 漆单把杯　98、99. 木梳（未上图）

图一七　M1墓门

图一八　M1全景

图一九　M1全景

第二节　东墓室

一　形制结构

东墓室平面呈长方形，券顶。东壁室内长3.55、西壁长3.58、南壁宽2.78、北壁宽2.80米，墓门处高2.95米，墓室中间高2.30米。北墙厚约0.40、东西两墙厚0.32～0.35、南墙厚0.35米。墓壁砌法为二顺一丁，内壁抹一层厚约0.5厘米的灰色草拌泥墙皮，表面粉刷有白灰，墙皮多已脱落。墓室底部自四周向中间呈龟背状隆起，形成一中间高出墓底平面0.62米的棺床。棺床上铺二层长方形青砖，上层砖铺成人字形，下层砖为错缝横铺。砖下有一层厚9厘米左右的石灰层，石灰层下填土夯筑而成。

墓葬顶部使用单层楔形砖起券，除被施工破坏出现的洞口外，其余部分保存完好（图二○、二一）。

墓室内因曾积水，棺木及部分漆器腐朽严重，并因曾积水造成棺及随葬器物漂动移位。墓室内有两具小棺，因棺木已腐朽，仅见灰痕和漆皮。从残存的漆皮看，两具木棺均髹黑漆，漆皮厚约0.4厘米。其中一具东西横置于墓门口，根据漆皮轮廓测量棺长1.35、宽0.50米。内有幼儿骨架一具，头

图二〇 M1东墓室券顶及施工破坏情况

图二一 M1东墓室后壁

向东，长约0.45米。幼儿的腰、手部位有金环两对，两侧还有大小银铃7件。另一具小棺漂至墓室西北角，呈西北—东南向，根据板灰痕迹及残存漆皮，测量棺长1.10、宽0.45米。内有婴儿骨架一具，头向西北，长约0.36米。腰、手部有金环两对，北侧还有银铃5件。因棺漂移，骨架移动，故两棺原放置位置不明（图二二）。

1．M1东墓室漆棺及文物保存情况

2．M1东墓室漆棺及文物保存情况

3．M1东墓室门前一号棺内金钏出土情况

4．M1东墓室二号棺内金钏出土情况

图二二　M1东墓室随葬品出土情况

二　随葬品

东墓室保存完整，随葬品十分丰富，共出土有陶器20件，瓷器22件，铜器15件，铁器4件，金银器28件，漆器22件（完整者9件），其他类有珍珠、料珠、云母片等，共计117件（套）。墓内随葬品主要分布在墓室的中、南部。中部东侧有青瓷盘口壶、青瓷钵、陶盘、高足盘、铜熨斗、漆盘、漆壶、鸡首壶、酱釉壶、铁镜、银铃等。中部有铜魁、鐎斗、熨斗、陶盘、漆耳杯、漆盘等。两侧有漆盘、云母片、绿串珠、盘口壶、青瓷钵、陶盘、高足盘、铜灯、鐎斗、铜洗、铁镜、酱釉壶等。墓室内还散见铁棺钉。随葬品均因积水漂移，并非原置放位置（图二三）。

1. M1东墓室文物保存情况

2. M1东墓室文物保存情况

3. M1东墓室铜灯出土情况

4. M1东墓室漆碗出土情况

图二三　M1东墓室随葬品出土情况

（一）陶器

共20件。有陶盘、高足盘。

1. 陶盘

16件。均泥质青灰陶，器表施一层褐色漆衣，多已脱落。敞口，圆唇，浅盘，折腹，斜壁，平底，器壁较厚。形制基本相同，唯大小及外壁略有区别。

M1东：6，盘壁外缘有两周浅凹槽。口径28.7、底径16.5、高4.0厘米（图二四）。

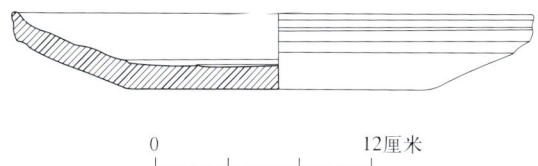

0　　　　　　　　　12厘米

图二四　陶盘M1东：6

M1东：8，盘壁微弧，盘内底下凹，周缘有一周凸棱。口径28.5、底径16.5、高4.7厘米（图二五，1、二六，1）。

M1东：10，盘壁斜直微凹，内底下凹，有两周凸棱。口径22.5、底径14.4、高3.2厘米（图二五，2、二六，2）。

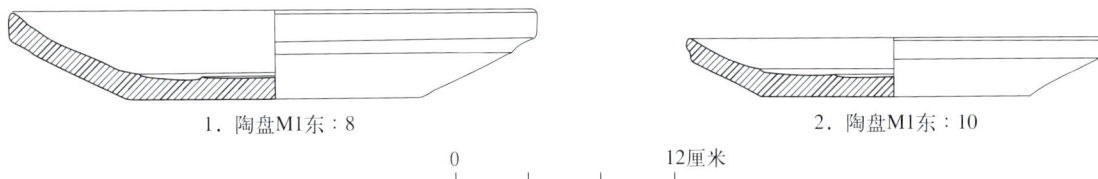

1. 陶盘M1东：8　　　　　　　　　2. 陶盘M1东：10

0 　　　　　　　　　　　12厘米

图二五　陶盘

1. 陶盘M1东：8　　　　　　　　　2. 陶盘M1东：10

图二六　陶盘

M1东：18，盘壁斜直微凹，内底下凹，凹底周缘有一周凸棱。口径28.4、底径18.3、高4.3厘米（图二七，1、二八，1）。

M1东：20，盘壁斜直微凹，内底下凹，有两周凸棱，盘内外壁均匀明显的轮旋痕迹。口径28.7、底径16.6、高4.4厘米（图二七，2、二八，2）。

M1东：21，盘极浅，盘壁微弧，底较厚，内底下凹，有两周凸棱。口径22.1、底径12.8、高3.2厘米（图二七，3、二八，3）。

M1东：24，盘极浅，壁较厚。外沿下有一周凹弦纹，内底下凹，有两周凸棱。口径21.7、底径9.8、高2.6厘米（图二七，4、二八，4）。

M1东：25，盘较深，盘壁斜直微凹，器壁较薄。口径23.0、底径12.0、高4.0厘米（图二九，1）。

M1东：26，盘略浅，盘壁斜直微凹，盘底外侧微内凹，内底下凹，有两周凸棱。口径28.4、底径15.6、高4.1厘米（图二九，2、三一，1）。

M1东：31，盘较深，盘壁较直微凹，腹壁外缘微凹，器壁较薄。口径28.4、底径15.7、高5.0厘米（图三〇，1）。

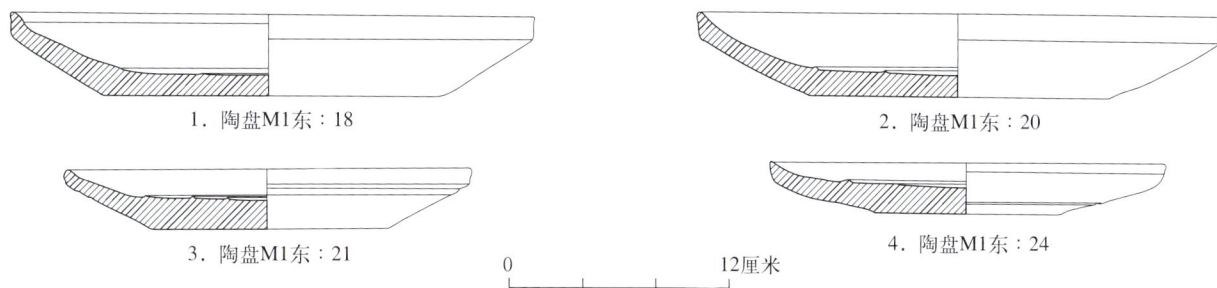

1. 陶盘M1东：18　　　　　　　　　2. 陶盘M1东：20

3. 陶盘M1东：21　　　　　　　　　4. 陶盘M1东：24

0 ⊢―――――――⊣ 12厘米

图二七　陶盘

1. 陶盘M1东：18　　　　　　　　　2. 陶盘M1东：20

3. 陶盘M1东：21　　　　　　　　　4. 陶盘M1东：24

图二八　陶盘

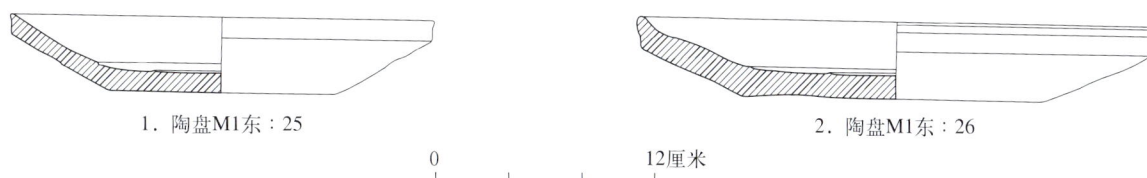

1. 陶盘M1东：25　　　　　　　　　2. 陶盘M1东：26

0 ⊢―――――――⊣ 12厘米

图二九　陶盘

M1东：32，盘略浅，盘壁斜直微凹，底较厚。口径30.2、底径17.8、高4.6厘米（图三〇，2）。

M1东：33，盘较浅，盘壁与腹壁外缘有两道折痕，盘底较厚。口径21.6、底径11.4、高3.8厘米（图三〇，3）。

M1东：34，盘较深，盘壁斜直微凹，底较薄。口径23.0、底径12.0、高4.1厘米（图三〇，4）。

M1东：38，盘较浅，盘壁与腹壁之间弧折，器壁较薄，盘内底下凹，有两周凸棱。口径23.3、底径13.7、高3.7厘米（图三〇，5、三一，2）。

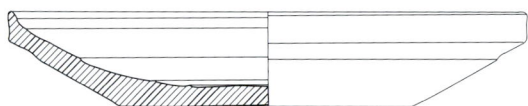

1．陶盘M1东：31

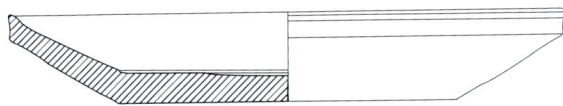

2．陶盘M1东：32

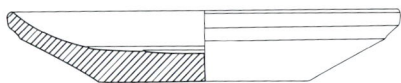

3．陶盘M1东：33

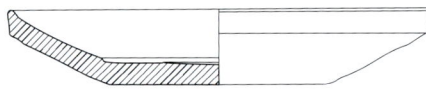

4．陶盘M1东：34

0 _____ 12厘米

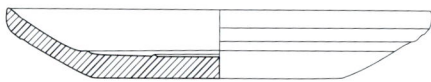

5．陶盘M1东：38

图三〇　陶盘

1．陶盘M1东：26

2．陶盘M1东：38

图三一　陶盘

M1东：39，盘极浅，盘壁较直，器壁较薄。盘内底下凹，有两周凸棱。口径21.7、底径11.5、高3.1厘米（图三二，1、三三，1）。

M1东：91，盘较深较大，直壁为内凹，器壁较薄。盘内底下凹，有两周凸棱。口径29.0、底径17.5、高5.2厘米（图三二，2、三三，2）。

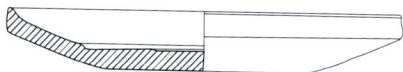

1．陶盘M1东：39

0 _____ 12厘米

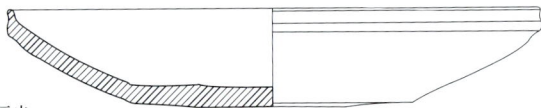

2．陶盘M1东：91

图三二　陶盘

1. 陶盘M1东：39   2. 陶盘M1东：91

图三三　陶盘

2．陶高足盘

4件。均泥质青灰陶，形似豆状，器壁较厚。敞口，圆唇，浅盘，折腹，短柄，喇叭形圈足。

M1东：7，盘略深，折腹明显，盘外壁微内凹。口径14.9、底径11.6、高7.9厘米（图三四，1、三五，1）。

M1东：23，盘较浅，腹壁弧折，底座外壁有两周凸棱，内壁一周凹槽。口径14.0、底径12.0、高8.4厘米（图三四，2、三五，2）。

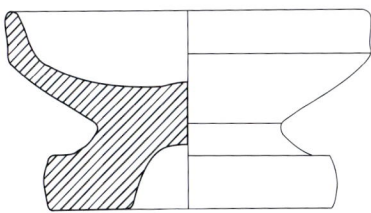 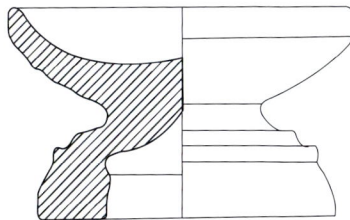

1. 陶高足盘M1东：7   2. 陶高足盘M1东：23

0 ⸻ 9厘米

图三四　陶高足盘

1. 陶高足盘M1东：7   2. 陶高足盘M1东：23

图三五　陶高足盘

M1东：27，盘较深，折腹明显，底座外壁有两周凸棱，内壁一周凹槽。口径13.8、底径11.4、高9.4厘米（图三六、三七）。

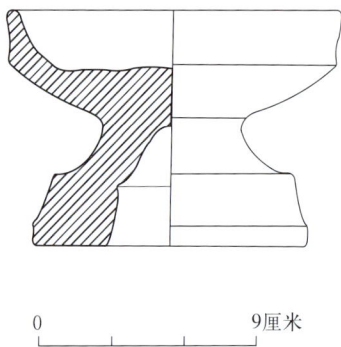

图三六　陶高足盘M1东：27

图三七　陶高足盘M1东：27

M1东：36，盘较深，折腹明显，底座外壁有两周凸棱，内壁一周凹槽。口径14.4、底径12.8、高10.6厘米（图三八、三九）。

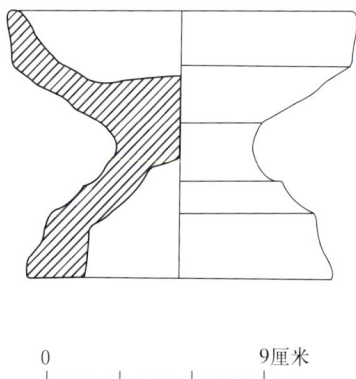

图三八　陶高足盘M1东：36

图三九　陶高足盘M1东：36

（二）瓷器

22件。有青瓷、酱釉瓷两类。青瓷有钵、鸡首壶、盘口壶等，酱釉瓷仅壶一种。

1. 青瓷钵

8件。器形基本相同。敞口或直口，弧腹，底内凹。口沿下施凹弦纹，上腹部饰网格纹带，内底饰一圈凹弦纹，并有支钉烧痕。施青灰白色釉，内满釉，外釉不及底。

M1东：22，口较直，圆唇。口径13.3、底径7.1、高4.4厘米（图四〇，1、四一，1）。

M1东：35，口较直，圆唇。口径13.7、底径7.8、高4.7厘米（图四〇，2、四一，2）。

M1东：37，直口略内敛，圆唇。口径13.2、底径6.8、高4.7厘米（图四〇，3、四一，3）。

M1东：82，敞口，圆唇。口径13.0～13.5、底径6.8、高4.6厘米（图四〇，4、四一，4）。

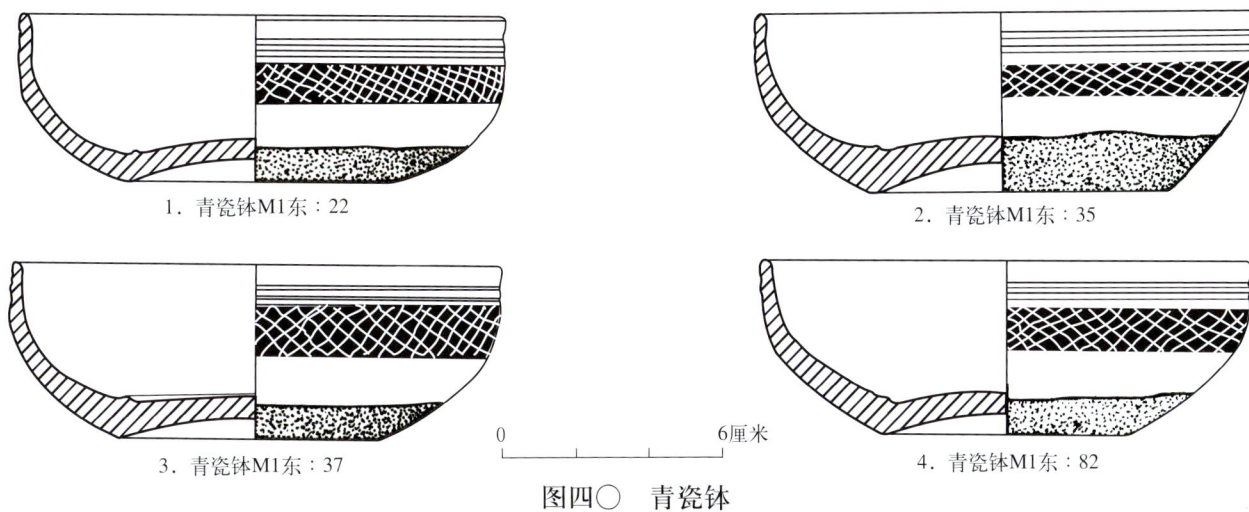

1. 青瓷钵M1东：22

2. 青瓷钵M1东：35

3. 青瓷钵M1东：37

0　　　　　　6厘米

4. 青瓷钵M1东：82

图四〇　青瓷钵

1. 青瓷钵M1东：22

2. 青瓷钵M1东：35

3. 青瓷钵M1东：37

4. 青瓷钵M1东：82

图四一　青瓷钵

第二章　一号墓（M1）

M1东：87，敞口，圆唇，壁明显较厚。口径13.8、底径7.0、高4.9厘米（图四二，1、四三，1）。

M1东：88，敞口，圆唇，壁较厚。口径13.5、底径6.8、高4.7厘米（图四二，2、四三，2）。

M1东：93，敞口，圆唇。口径13.3、底径6.4、高4.6厘米（图四二，3、四三，3）。

M1东：96，敞口，圆唇，腹较深，下腹明显内收。口径13.4、底径6.6、高5.2厘米（图四二，4、四三，4）。

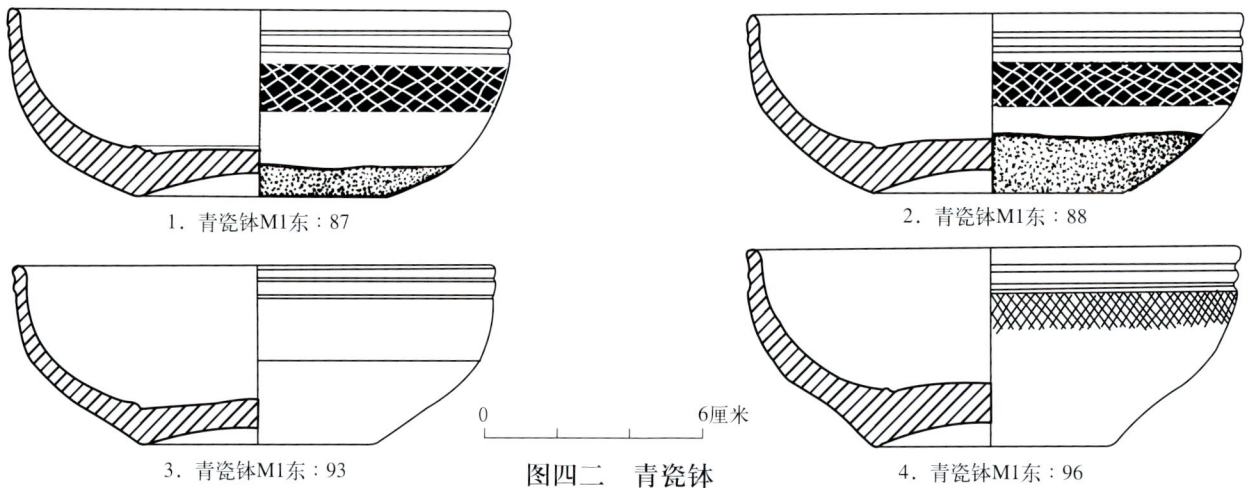

1. 青瓷钵M1东：87

2. 青瓷钵M1东：88

0　　　　　　6厘米

图四二　青瓷钵

3. 青瓷钵M1东：93

4. 青瓷钵M1东：96

1. 青瓷钵M1东：87

2. 青瓷钵M1东：88

3. 青瓷钵M1东：93

4. 青瓷钵M1东：96

图四三　青瓷钵

临沂洗砚池晋墓

2．青瓷鸡首壶

2件。盘口，圆唇，圆鼓腹，肩部堆塑无颈鸡首及尾饰，肩附对称的两个竖系，平底微内凹。肩饰芝麻花联珠纹和斜网格纹带。施青釉，釉面光亮。

M1东：50，略小。口径6.4、腹径11.3、底径6.1、高10.0厘米（图四四，1、四五）。

M1东：52，略大。口径6.9、腹径13.4、底径6.2、高13.0厘米（图四四，2、四六）。

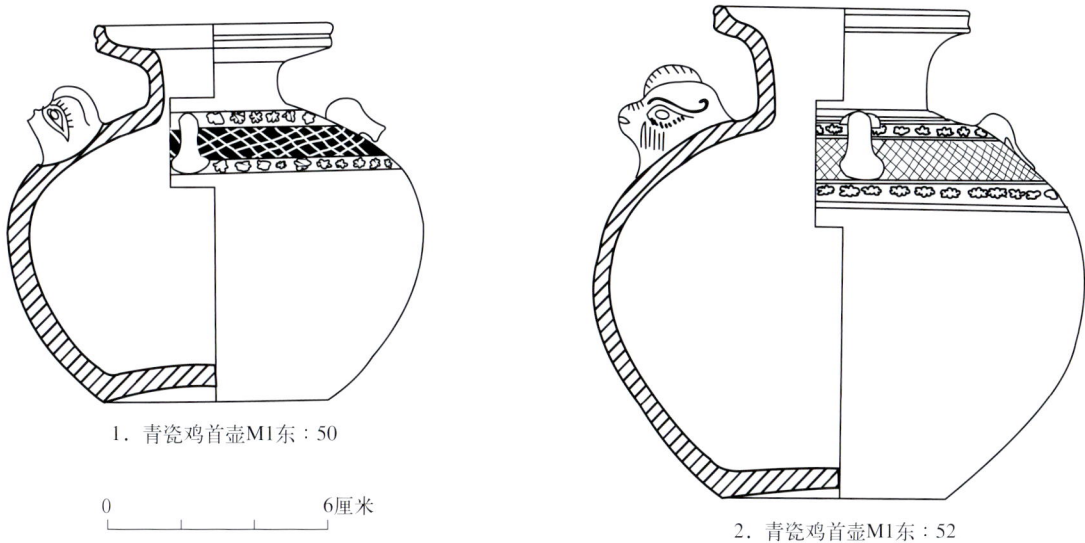

1．青瓷鸡首壶M1东：50

0   6厘米

2．青瓷鸡首壶M1东：52

图四四　青瓷鸡首壶

图四五　青瓷鸡首壶M1东：50

图四六　青瓷鸡首壶M1东：52

3．青瓷盘口壶

8件。盘口，短束颈，扁鼓腹，最大腹径偏上，下腹壁斜收，平底微内凹。

M1东：3，口微侈，圆唇。肩部有四个两两对称的横桥形鼻，饰弦纹和斜方格纹带。器表施青灰色釉，釉不及底。口径14.2、腹径24.7、底径14.4、高22.4厘米（图四七，1、四八）。

M1东：4，盘口外侈，尖唇。肩部有四个两两对称的横桥形鼻，饰两组凹弦纹。器表施青灰色釉，釉不及底。口径14.4、腹径24.8、底径13.6、高23.0厘米（图四七，2、四九）。

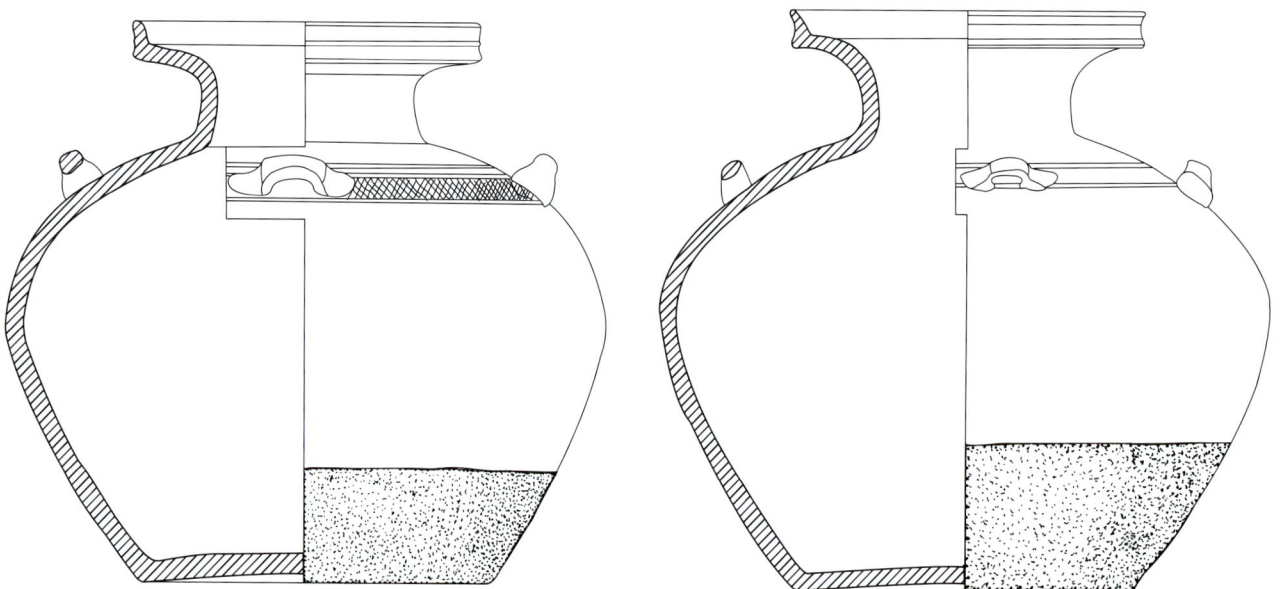

1．青瓷盘口壶M1东：3　　　0 ——————— 9厘米　　　2．青瓷盘口壶M1东：4

图四七　青瓷盘口壶

临沂洗砚池晋墓

图四八　青瓷盘口壶M1东：3

图四九　青瓷盘口壶M1东：4

M1东：5，盘口微内敛，圆唇。肩部附两个对称的竖桥形纽，纽面上饰蕉叶纹。两侧贴有对称的铺首衔环。肩部饰两周弦纹及联珠纹带，其间为重环菱形纹带。器表施青灰色釉，釉不及底。口径13.6、腹径24.8、底径13.5、高24.2厘米（图五〇，1、五一）。

M1东：9，盘口微侈，盘口壁微凹，壁面上有两周凹弦纹，圆唇。肩部有四个两两对称的横桥形鼻，间饰三周凹弦纹，下腹部饰一周凹弦纹。器表施青灰色釉，釉不及底。口径14.8、腹径24.1、底径13.8、高22.5厘米（图五〇，2、五二）。

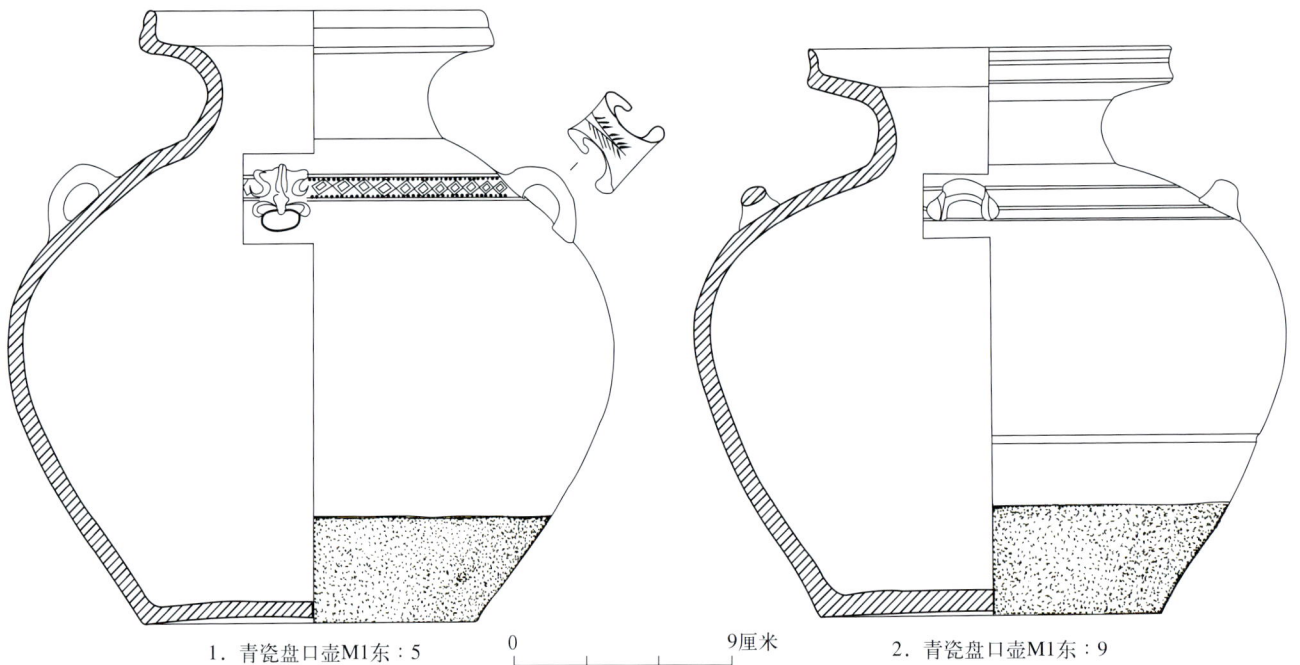

0　　　　　　　　9厘米

1. 青瓷盘口壶M1东：5　　　　　　　　　2. 青瓷盘口壶M1东：9

图五〇　青瓷盘口壶

图五一　青瓷盘口壶M1东：5

图五二　青瓷盘口壶M1东：9

　　M1东：28，盘口较直，盘口壁面上有两周凹槽，圆唇。肩部饰四个对称桥形横系，横系上部饰两周凹弦纹，系下饰一周凹弦纹，系间饰菱形网格纹。施青灰色釉，釉不及底。平底微内凹。口径14.1、腹径24.8、底径12.6、高23.1厘米（图五三，1、五四）。

　　M1东：29，盘口较直，盘口壁面上有一周凹弦纹，圆唇。肩部饰四个对称桥形横系，横系上部饰两周凹弦纹，系下饰一周凹弦纹，系间饰网状方格纹。施青灰色釉，釉不及底。平底微内凹。口径14.4、腹径24.8、底径12.8、高22.7厘米（图五三，2、五五）。

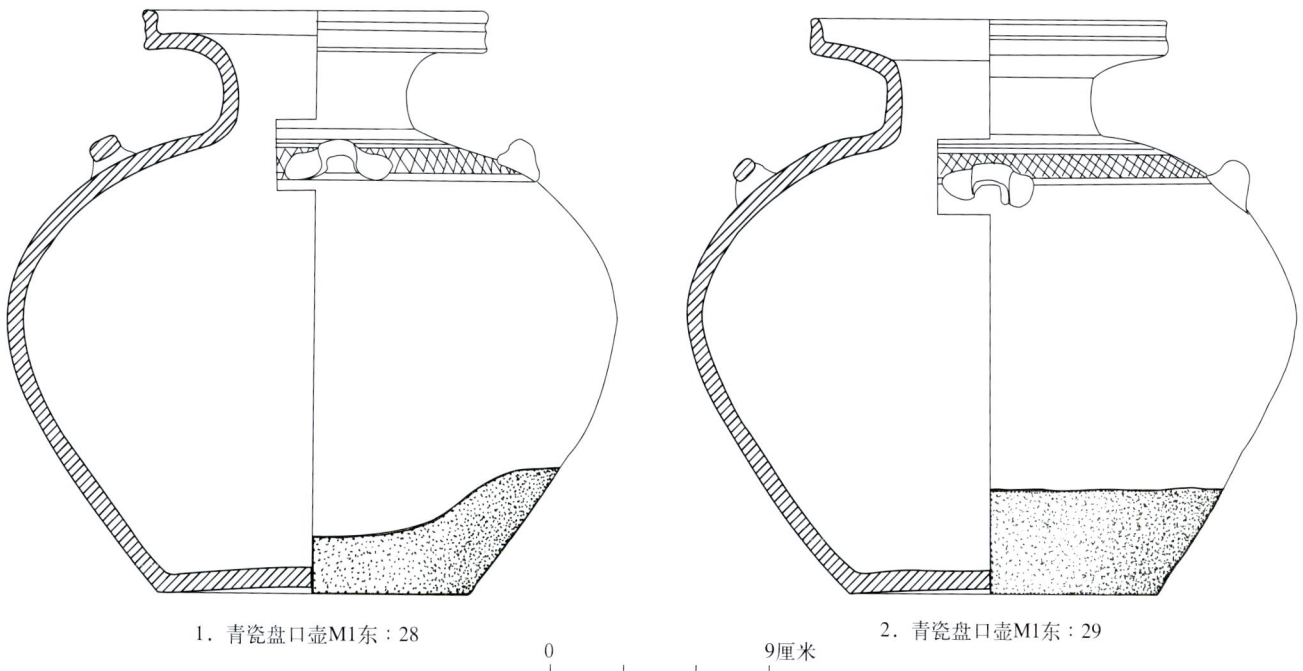

1．青瓷盘口壶M1东：28　　　2．青瓷盘口壶M1东：29

0　　　　　　9厘米

图五三　M1出土青瓷盘口壶

第二章　一号墓（M1）

图五四　青瓷盘口壶M1东：28

图五五　青瓷盘口壶M1东：29

M1东：30，口微侈，盘口壁面微内凹，圆唇。肩部饰四个对称桥形横系，口沿外及肩部各饰两周弦纹，腹部饰一周凹弦纹。施青灰色釉，釉不及底。平底微内凹。口径14.5、腹径24.9、底径14.6、高21.4厘米（图五六，1、五七）。

M1东：47，盘口外敞，尖唇。口沿外壁面上饰凹弦纹两周。肩部饰四个对称桥形横系，肩饰凹弦纹间有芝麻花联珠纹。施青灰色釉，釉不及底。底内凹。口径15.1、腹径24.8、底径14.8、高22.7厘米（图五六，2、五八）。

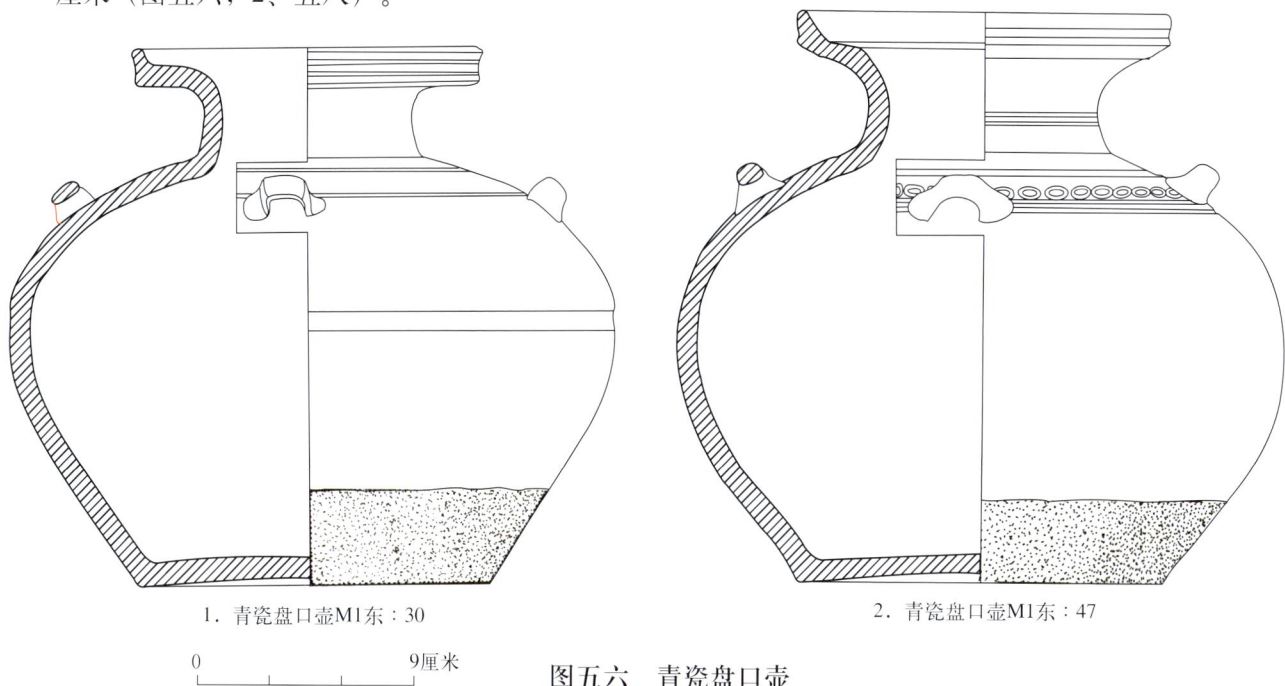

1. 青瓷盘口壶M1东：30

0 _____ 9厘米

2. 青瓷盘口壶M1东：47

图五六　青瓷盘口壶

图五七　青瓷盘口壶M1东：30

第二章　一号墓（M1）

图五八　青瓷盘口壶M1东：47

4. 酱釉双系壶

1件。

M1东：15，直口，平沿，颈较长，圆鼓腹，平底微内凹，肩饰一周凹弦纹，并附对称两系。红褐色胎，通体施酱色釉。口径2.5、底径2.4、高5.0厘米（图五九，1、六〇，1）。

5. 酱釉壶

3件。器形基本相同，大小有别。口沿外翻成平沿，束颈，鼓腹，平底微内凹。腹饰一周凹弦纹。红褐色胎，通体施酱色釉。

M1东：19，器形稍大，卷沿，方唇，肩部略平，最大径在上腹部，下腹略内收。口径2.5、底径3.3、高5.2厘米（图五九，2、六〇，2）。

M1东：56，器形较小，卷沿，圆唇，肩部略平，扁鼓腹，最大径在上腹部，下腹略内收。口径2.1、底径2.6、高4.1厘米（图五九，3、六〇，3）。

M1东：74，器形较小，卷沿，圆唇，肩部略鼓，鼓腹弧折，最大径在腹中部。口径2.3、底径2.5、高4.8厘米（图五九，4、六〇，4）。

1. 酱釉双系壶M1东：15　　2. 酱釉壶M1东：19　　3. 酱釉壶M1东：56　　4. 酱釉壶M1东：74

0 ——— 6厘米

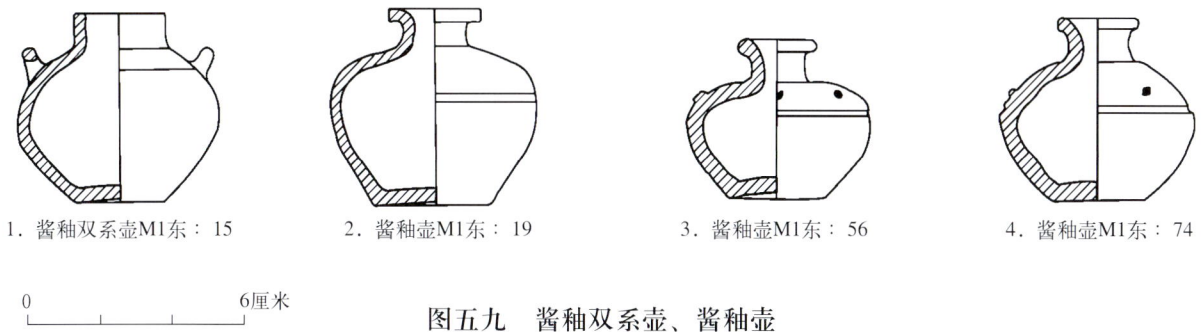

图五九　酱釉双系壶、酱釉壶

1. 酱釉双系壶M1东：15

2. 酱釉壶M1东：19

3. 酱釉壶M1东：56

4. 酱釉壶M1东：74

图六〇　酱釉双系壶、酱釉壶

（三）铜器

15件。有铜洗、耳杯、鐎斗、熨斗、魁、三足炉、灯等。

1. 铜洗

2件。敞口，宽斜折沿，沿面内凹。

第二章　一号墓（M1）

M1东：13，腹较浅，腹壁较直，矮假圈足，平底。内底饰双鱼纹。口径26.7、底径14.2、高6.3厘米（图六一，1、六二，1、2）。

M1东：48，腹较深，腹壁弧收，矮假圈足，平底。口径23.0、底径13.4、高6.3厘米（图六一，2、六二，3）。

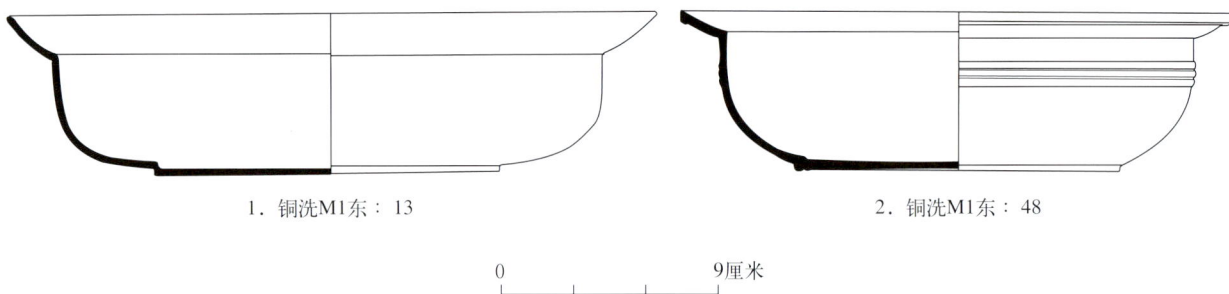

1．铜洗M1东：13

2．铜洗M1东：48

0　　　　　　　9厘米

图六一　铜洗

1．铜洗M1东：13

3．铜洗M1东：48

2．铜洗M1东：13

图六二　铜洗

2．铜单耳杯

1件。

M1东：49，敞口，圆唇，弧腹，平底，假圈足，口沿一侧有一弯月形耳。口径7.9、底径4.8、高2.8厘米（图六三、六四）。

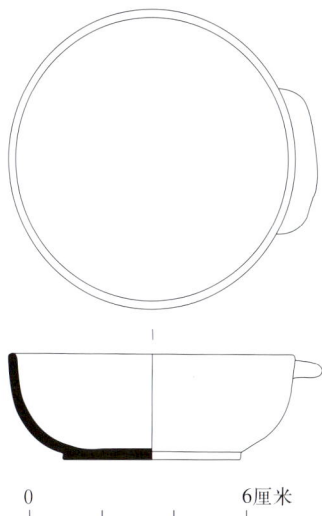

图六三　铜单耳杯M1东：49

图六四　铜单耳杯M1东：49

3．铜鐎斗

2件。敞口，斜沿，弧腹，圜底，下附3个外撇兽首蹄形足。腹部接一龙首长柄，柄向上弧曲。

M1东：12，略变形。斜折沿，龙首柄稍短。口径13.2、高6.5、连柄通高9.0厘米（图六五、六六）。

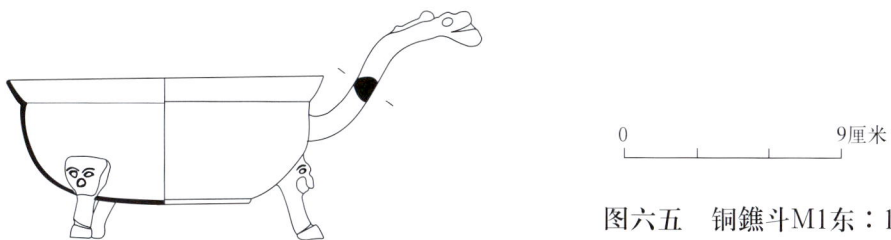

图六五　铜鐎斗M1东：12

图六六　铜鐎斗M1东：12

M1东：43，斜折沿近平，口沿一侧有一小流口，龙首柄较长。口径14.0、高7.7、连柄通高12.6厘米（图六七、六八）。

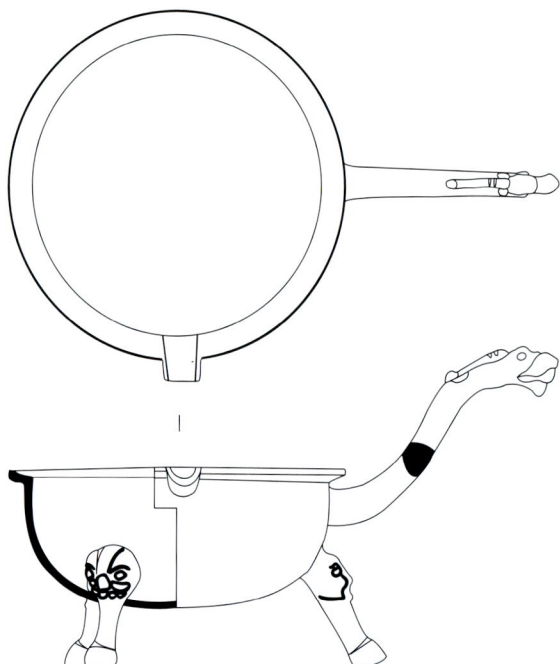

0　　　　　　9厘米

图六七　铜鐎斗M1东：43

图六八　铜鐎斗M1东：43

4. 铜熨斗

3件。器形相同。敞口，宽斜折沿，腹壁较直，圜底近平，一侧附一长直柄。

M1东：14，沿面微凹，口下有一周凹弦纹，长柄略上翘。口径15.9、高4.2、柄长22.6厘米（图六九，1、七〇，1）。

　　M1东：40，沿面微凹，底略圜近平，长柄较平直。口径15.8、高4.4、柄长22.7厘米（图六九，2、七〇，2）。

　　M1东：42，沿面较平，底略圜近平，长柄微上翘。口径16.0、高4.2、柄长22.0厘米（图六九，3、七〇，3）。

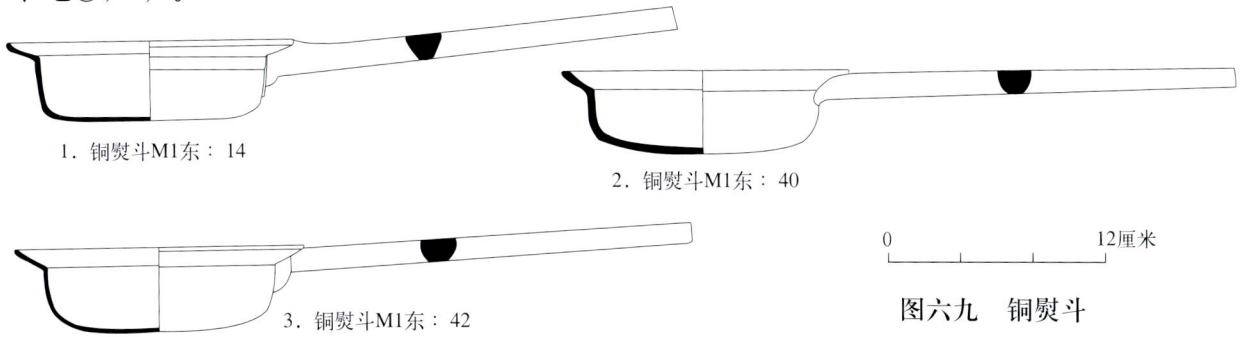

1. 铜熨斗-M1东：14

2. 铜熨斗-M1东：40

3. 铜熨斗-M1东：42

0　　　　　　　　　12厘米

图六九　铜熨斗

1. 铜熨斗-M1东：14

2. 铜熨斗-M1东：40

3. 铜熨斗-M1东：42

图七〇　铜熨斗

第二章　一号墓（M1）

5．铜魁

2件。器形、大小基本近同。大敞口，深腹，矮假圈足，平底，底附三乳丁状足，口沿一侧有一曲柄。

M1东：44，敞口，圆唇，有明显颈部。口沿内有两周凹弦纹，颈内壁下部有一周凹弦纹。口径20.8、底径13.3、高8.4厘米（图七一，1、七二）。

M1东：45，敞口，圆唇，无明显颈部。口沿下有两周凹弦纹。口径20.0、底径12.8、高8.0厘米（图七一，2、七三）。

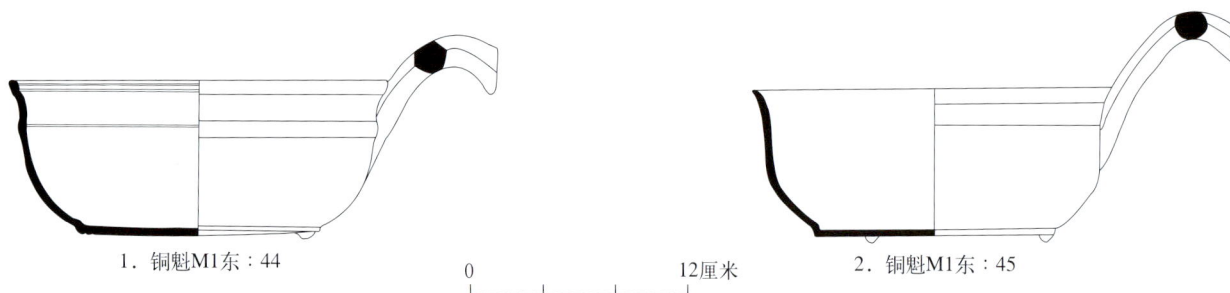

1．铜魁M1东：44　　　　　　0　　　　　　12厘米　　　　　2．铜魁M1东：45

图七一　铜魁

图七二　铜魁M1东：44

图七三　铜魁M1东：45

临沂洗砚池晋墓

6．铜三足炉

1件。

M1东：41，形似盆形鼎状。敞口，折沿，尖唇，腹缓收，平底微凸，下附3个兽面蹄形足。腹部有对称的两竖立端耳。内壁近口沿处有四周凹弦纹，腹外壁饰四周凸棱。口径16.8、底径13.2、高9.0厘米（图七四、七五）。

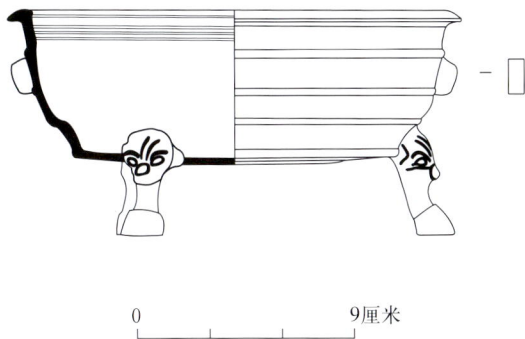

图七四　铜三足炉M1东：41

图七五　铜三足炉M1东：41

7．铜灯

1件。

M1东：11，灯盘直口较深，平底，盘内中有一高1厘米的锥形灯芯。灯柱中间有凸棱，凸棱上饰竖凹纹，呈瓜瓣状，上出三曲枝承托灯盘。柱下呈半球状与底盘连为一体。底盘敞口，平沿外折，斜直腹，矮假圈足，平底。灯盘口径11.8、底盘口径19.5、底径13.5、通高23.6厘米（图七六、七七）。

图七六　铜灯M1东：11

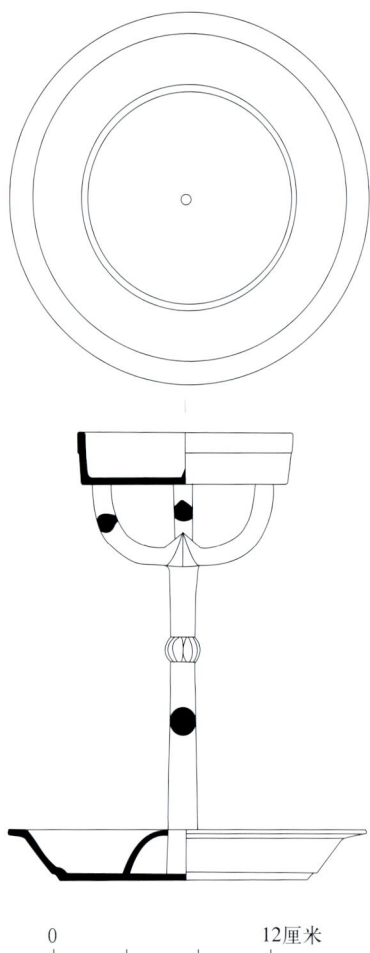

图七七　铜灯M1东：11

8．铜环

2件。圆环状，环上有一圆柱。

M1东：60，圆柱微残，环截面圆形。直径1.8厘米（图七八，1）。

M1东：97，圆柱长1.1厘米，环截面椭圆形。直径2.0厘米（图七八，2）。

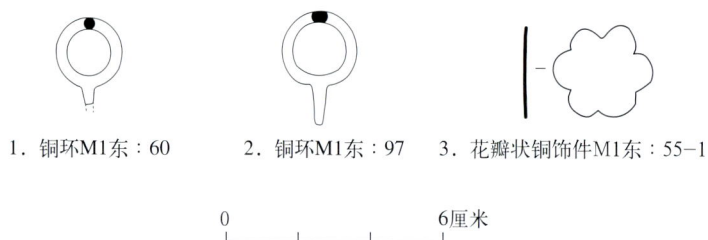

1．铜环M1东：60　　2．铜环M1东：97　　3．花瓣状铜饰件M1东：55-1

图七八　铜环、花瓣状铜饰件

图七九　花瓣状铜饰件M1东：55

9．花瓣状铜饰件

基本完整者2件。六叶薄片状，应为铜饰件。

M1东：55-1，直径约2.6、厚0.05厘米（图七八，3、七九，左）。

（四）铁器

均锈蚀严重。有铁镜、铁棺钉。

1．铁镜

3件。圆形，圆纽，均锈蚀严重，细部不清。

M1东：81，直径15.1厘米（图八〇，1）。

M1东：92，直径15.1厘米（图八〇，2）。

M1东：61，直径16.0厘米。

临沂洗砚池晋墓

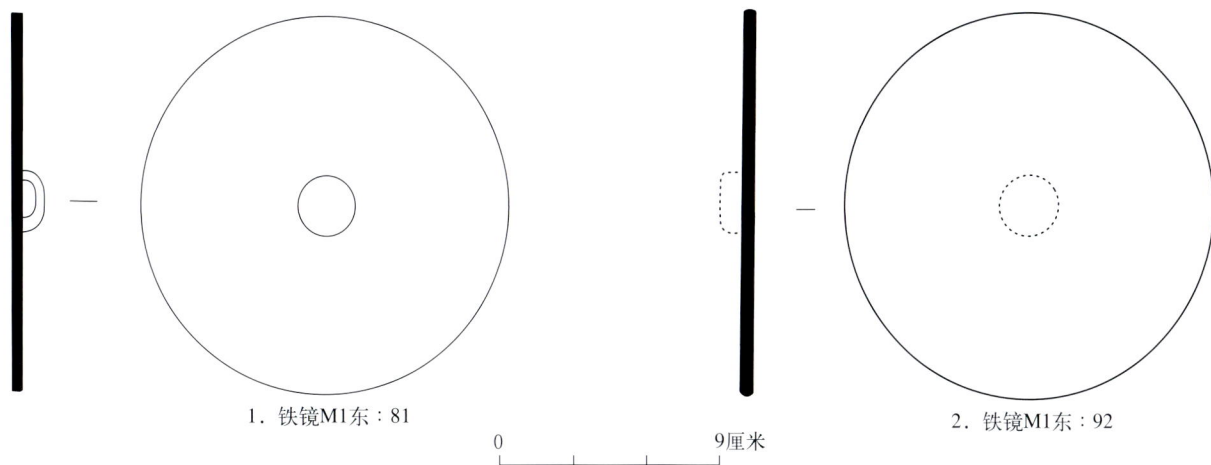

1. 铁镜M1东：81

0　　　　　9厘米

2. 铁镜M1东：92

图八○　铁镜

2. 铁棺钉

数量较多，钉帽圆平，钉身尖柱形。M1东：68，长4.0～11.0厘米（图八一）。

图八一　铁棺钉

（五）金银器

28件。有金珰、金环、银铃、金泡。

1. 金珰

5件。多数锈蚀严重，表面有一层绿铜锈，纹饰不太清晰，依稀可辨为蝉纹。顶部起尖，圆肩，底微内凹。上饰蝉纹，蝉眼凸起，内镶物已脱落，纹饰上布满细小金粟粒。从保存状况较好的M1东：103观察，这类器物实际上为金铜合成体，背面为铜片，在铜片表面包一层金箔，金箔上镶嵌金粟粒勾勒出蝉纹。因铜片锈蚀严重，故而表面为铜锈覆盖。

M1东：17，上宽4.0、底宽3.3、高4.1厘米（图八二，1、八三）。

M1东：103，上宽3.7、底宽3.1、高3.8厘米（图八二，2、八四、八五）。

1. 金珰M1东：17　　　　　　　　2. 金珰M1东：103

0　　　　1厘米

图八二　金珰

临沂洗砚池晋墓

图八三　金珰M1东：17

图八四　金珰M1东：103（正面）

图八五　金珰M1东：103（背面）

M1东：57，上宽3.7、底宽3.05、高3.8厘米（图八六，1、八七）。

1. 金珰M1东：57

2. 金珰M1东：69

3. 金珰M1东：98

1、3　0 ——— 1厘米

2　0 ——— 3厘米

图八六　金珰

图八七　金珰M1东：57

图八八　金珰M1东：98

M1东：69，上宽4.0、底宽3.0、高4.0厘米（图八六，2）。

M1东：98，上宽4.2、底宽3.4、高4.4厘米（图八六，3、八八）。

2．金环

8件。

M1东：89，圆形。直径3.9、截面直径0.1厘米（图八九，1、九○，左1）。

M1东：95，圆形。直径3.9、截面直径0.1厘米（图八九，2、九○，左2）。

M1东：102−1，圆形。直径3.8、截面直径0.1厘米（图八九，3、九○，左3）。

M1东：102−2，圆形。直径3.8、截面直径0.1厘米（图八九，4、九○，左4）。

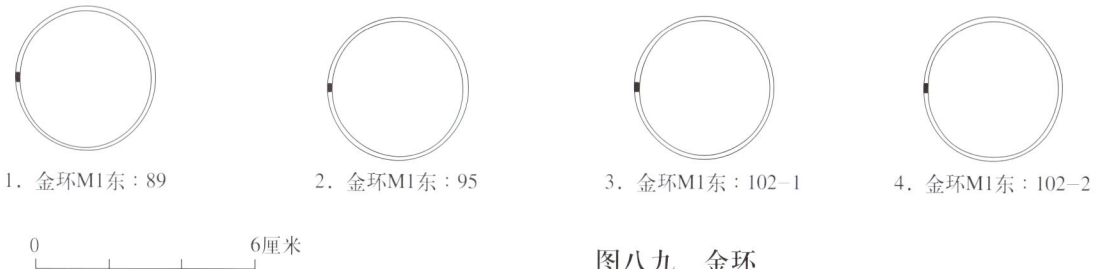

1. 金环M1东：89　　2. 金环M1东：95　　3. 金环M1东：102−1　　4. 金环M1东：102−2

0　　　　　　6厘米

图八九　金环

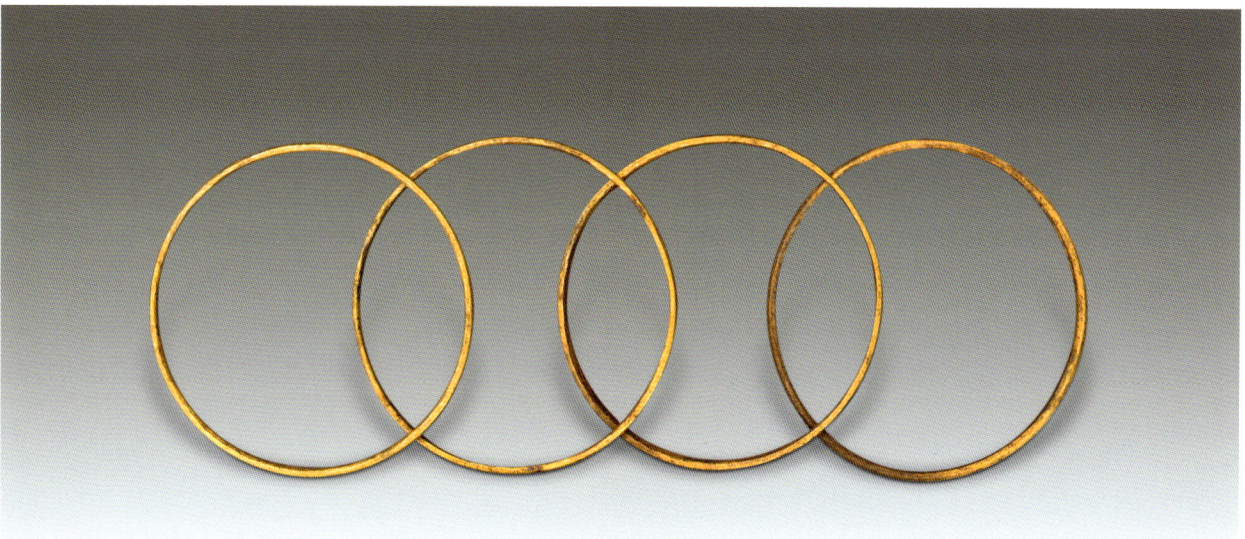

图九○　金环

M1东：102-3，椭圆形。长径4.8、短径4.0、截面直径0.2厘米（图九一，1、九二，左1）。

M1东：102-4，椭圆形。长径4.5、短径4.1、截面直径0.2厘米（图九一，2、九二，左2）。

M1东：104-1，椭圆形。长径4.7、短径3.8、截面直径0.2厘米（图九一，3、九二，左3）。

M1东：104-2，椭圆形。长径4.7、短径3.9、截面直径0.2厘米（图九一，4、九二，左4）。

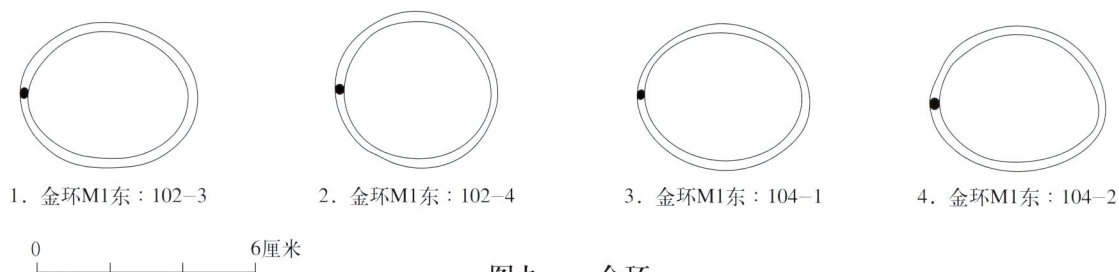

1. 金环M1东：102-3　　2. 金环M1东：102-4　　3. 金环M1东：104-1　　4. 金环M1东：104-2

0　　　　　6厘米

图九一　金环

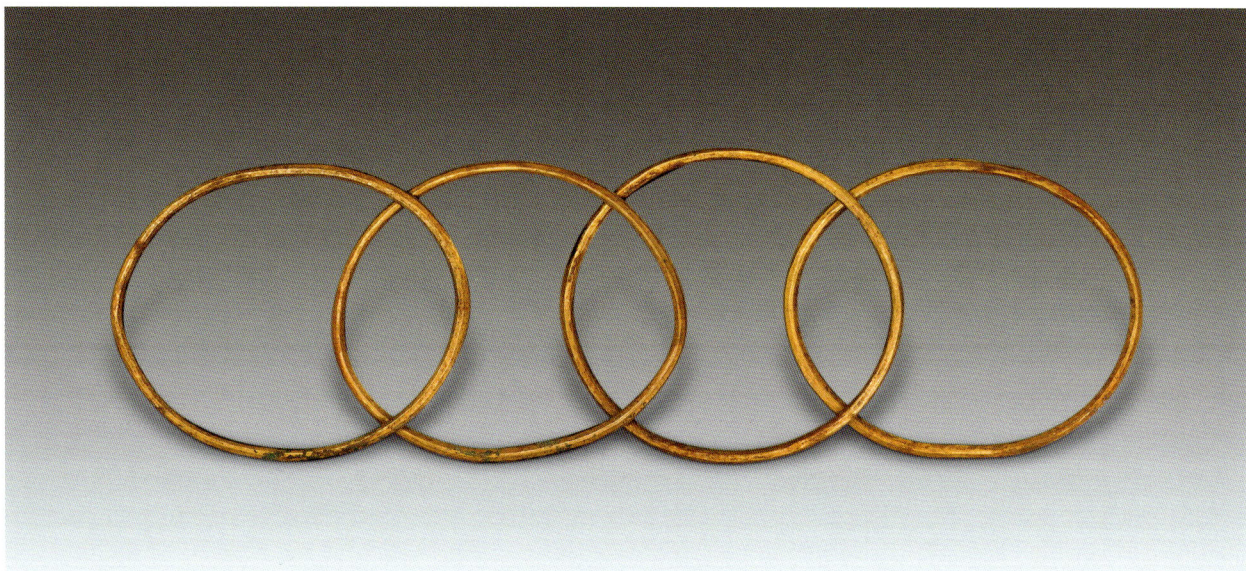

图九二　金环

3. 银铃

9件。器形略同，大小有别。圆球形，内置铃核。顶有扁圆形系组。

M1东：16，直径2.4、通高2.9厘米（图九三，1）。

M1东：46，直径2.4、通高2.7厘米（图九三，2、九四，1）。

M1东：53，组残缺。直径2.2厘米（图九四，2）。

M1东：54，直径2.4、通高2.8厘米（图九三，3、九四，3）。

M1东：90，直径2.8、通高3.4厘米（图九三，4）。

M1东：94，直径2.8、通高3.4厘米（图九三，5）。

M1东：101-1，直径2.8、通高3.4厘米（图九三，6）。

M1东：101-2，直径1.4、通高1.8厘米（图九三，7）。

M1东：101-3，直径1.1、通高1.5厘米（图九三，8）。

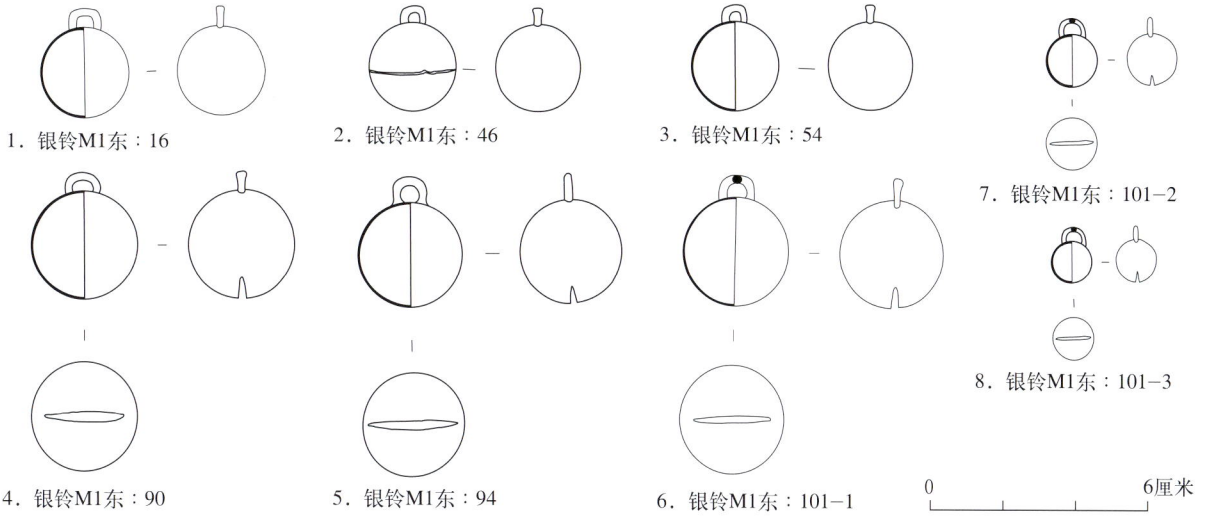

1. 银铃M1东：16   2. 银铃M1东：46   3. 银铃M1东：54

7. 银铃M1东：101-2

4. 银铃M1东：90   5. 银铃M1东：94   6. 银铃M1东：101-1

8. 银铃M1东：101-3

0 ———————— 6厘米

图九三　银铃

1. 银铃M1东：46   2. 银铃M1东：53   3. 银铃M1东：54

图九四　银铃

4. 金泡

6件。半圆形，极小，中空。M1东：108，直径0.4厘米（图九五）。

图九五　金泡（正、背）

（六）漆木器

完整及可辨器形者22件，另有不辨器形漆器残迹。可辨器形的有漆钵、盘、单把杯、耳杯、勺、盒、壶等。

1. 漆钵

2件。器形相同，均有残缺。

M1东：84，木胎。残破变形，从残存情况看，口微敞，圆唇，腹壁缓收，内底微凹，矮圈足。内壁上下分别有两周黑色弦纹，表面涂一层粉红彩。内底髹黑漆，周缘朱绘两周弦纹，其内朱色彩绘圆圈纹，多脱落不清。器表口下有一周较宽浅槽，浅槽部分涂一层粉红彩绘。腹部上下各朱绘两周弦纹，其间三周圆圈纹带。复原口径12.4、底径8.3、高4.8厘米（图九六、九七）。

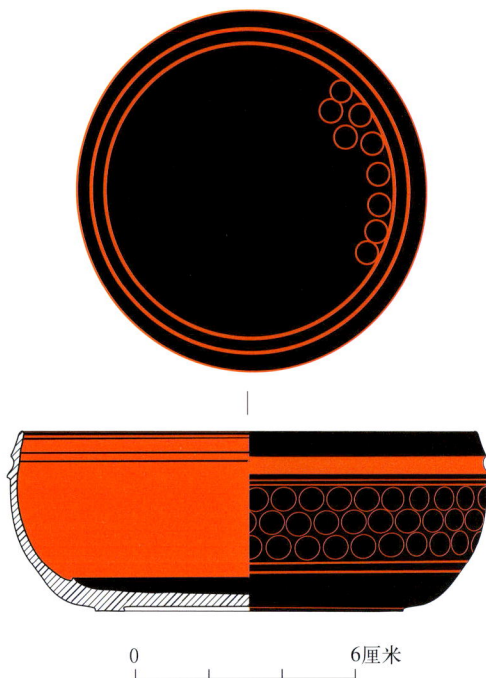

图九六　漆钵M1东：84

图九七　漆钵M1东：84

M1东：86，夹苎胎，腐朽严重，仅存漆皮。圆形，直口微敞，圆唇，腹较深，矮圈足。通体髹黑漆，素面。底部上下漆皮分离，两层漆皮之间中央系由木质铆钉连接。口径12.6、足径8.6、高5.2厘米（图九八、九九）。

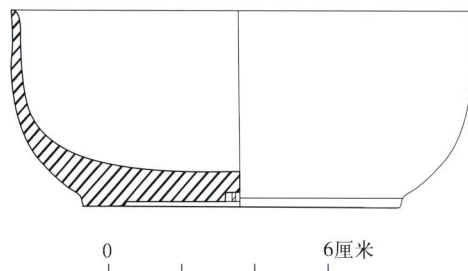

图九八　漆钵M1东：86

图九九　漆钵M1东：86残底

2．漆单把杯

4件。器形相同，均残毁。夹苎胎。直口，弧腹，矮圈足。在口沿一侧有一扁圆形柄，已残缺。内底有一凸弦纹。内壁髹红漆，外壁及底髹黑漆，口沿下宽凹纹内髹一周红漆带。

M1东：85，外底朱书"大（太）康七年李次作牢"八字。口径10.1、底径6.0、高3.4厘米（图一〇〇，1、一〇一、一〇二）。

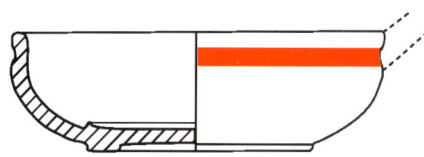

1. 漆单把杯M1东：85

2. 漆单把杯M1东：67

0　　　　　　6厘米

图一〇〇　漆单把杯

图一〇一　漆单把杯M1东：85

图一〇二　漆单把杯M1东：85

　　M1东：67，残损严重，已干涸变形。外底朱书"大（太）康七年李次作牢"八字。口残缺严重，底径6.0、高3.5厘米（图一〇〇，2）。

　　M1东：99，外底朱书"李山自用"四字。足径6.1厘米（图一〇三，1）。

　　M1东：83，从残存情况判断应属同类器，仅剩残底。底部有朱书文字"李次自用"四字。足径6.2厘米。

　　另外，漆器中有耳杯残迹2件，其中M1东：72仅存痕迹。M1东：107，耳杯已腐朽仅存痕迹，但铜扣保存较完整。长径12.0、宽9.0厘米（图一〇三，2）。

1. 漆单把杯M1东：99　　　　　　　　　　　　　2. 漆单把杯铜扣M1东：107

图一〇三　漆单把杯

3. 漆盘

均残碎严重，能判断为盘者11件，另有部分残片。器形相同，大小有别，木胎。

M1东：106，外底朱书一"官"字（图一〇四）。

M1东：73，敞口，浅盘，斜壁，平底。除内底外圈髹一周朱色纹带，余髹黑漆。口径15.2、底径11.1、高2.0厘米（图一〇五、一〇六）。

图一〇四　漆盘M1东：106朱书"官"字

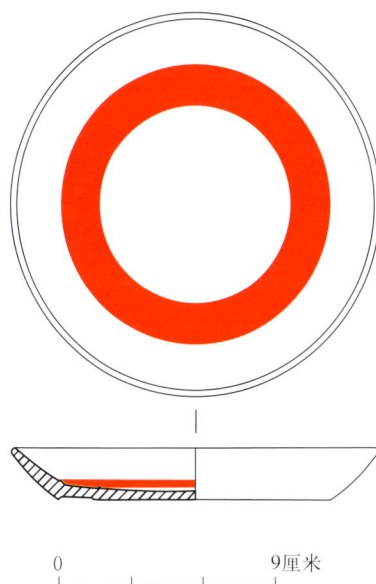

0　　　　　　9厘米

图一〇五　漆盘M1东：73

图一〇六　漆盘M1东：73

4．漆盘形器

1件。

M1东：51，圆形，圆唇，浅盘，直壁，平底凸起，底中央有一小圆孔，内壁髹红漆。平底内凹。器外表髹黑漆，漆表面有涂粉彩痕迹。口径6.1、底径5.9、高1.3厘米（图一〇七、一〇八）。

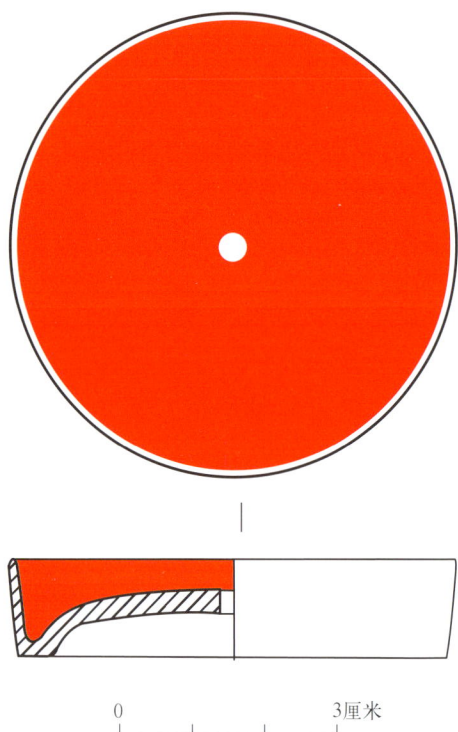

图一〇七　漆盘形器M1东：51

图一〇八　漆盘形器M1东：51

5．漆勺

1件。

M1东：78，已朽毁。

6．漆盒

1件。

M1东：80，已朽毁。

7．漆壶

2件。器形相同，均有残缺。

M1东：77，夹苎胎，盘口微内敛，束颈，圆鼓腹，假圈足，平底。器表通体髹黑漆，内壁涂一层粉红彩。底部朱书"十年李平作牢"六字。口径5.1、腹径7.8、底径5.8、高7.8厘米（图一〇九、一一〇）。

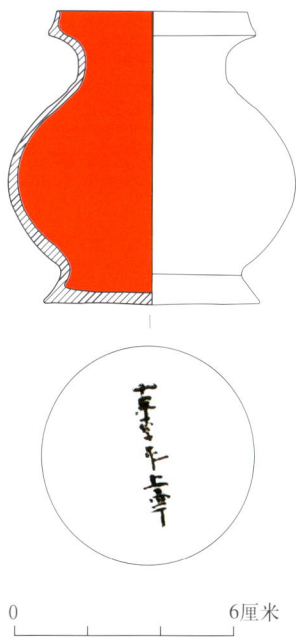

0　　　　　　　　6厘米

图一〇九　漆壶M1东：77

图一一〇　漆壶M1东：77

M1东：79，形制与M1东：77相同，夹苎胎，盘
口微内敛，束颈，圆鼓腹，假圈足，平底。器表通体
髹黑漆，内壁涂一层粉红彩。底部朱书"十年李平作
牢"六字。口径5.5、腹径8.2、底径5.8、高8.0厘米（图
一一一、一一二）。

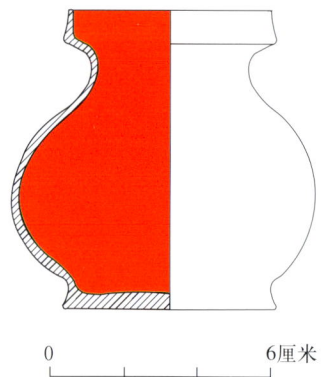

图一一一　漆壶M1东：79

图一一二　漆壶M1东：79

（七）骨器

仅有骨串饰2件。

骨串饰

2件。分别为竹节管状和
珠状，长度不足1.0厘米，与料
珠混在一起，应为串饰的组成
（图一一三）。

图一一三　骨串饰

（八）其他

有珍珠、料珠、云母片等。

1．珍珠

约百余粒。白色，极小，中有穿孔，因风化不规整，易碎。

M1东：64，直径0.15～0.3厘米（图一一四）。

2．料珠

49粒。

M1东：1，绿色，中有穿孔，呈管状。径0.4、高0.3～0.6厘米（图一一五）。

图一一四　珍珠M1东：64

图一一五　料珠M1东：1

3．云母片

数量较多，但多残碎，极薄，白色透明。从完整者看，大小不同，多呈叶状，叶尖端有细孔。

M1东：2-1，长4.4、宽2.6厘米（图一一六，1）。

M1东：2-2，长3.3、宽2.2厘米（图一一六，2）。

M1东：62，长4.3、宽2.7厘米（图一一六，3、一一七）。

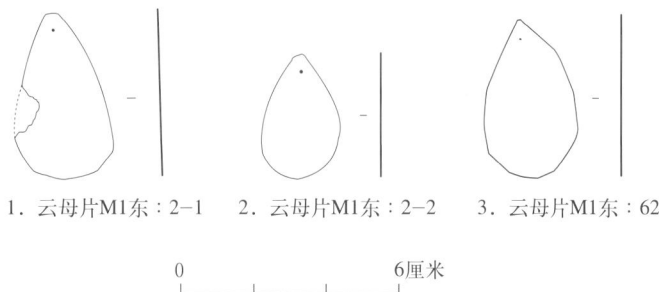

1. 云母片M1东：2-1　　2. 云母片M1东：2-2　　3. 云母片M1东：62

0　　　　　　　6厘米

图一一六　云母片

图一一七　云母片M1东：62

第三节　西墓室

一　形制结构

西墓室平面呈长方形，券顶。东壁长3.55、西壁长3.55、南壁宽2.85、北壁宽2.83米。墓门处高2.94米，墓室室内中间高2.55米。墓室东、西壁砌法，自下而上，为二顺一丁四组后，二层平砖开始起券；北壁为两顺一丁砌成。墓室内壁抹一层厚约0.5厘米的灰色草拌泥墙皮，表面粉刷有白灰，墙皮多已脱落。墓室底部自四周向中间呈龟背状隆起，形成一中间高出墓底水平面0.77米的棺床。棺床上铺二层长方形青砖，上层砖铺成人字形，下层砖为错缝横铺。

西室内有漆棺一具，因墓室内曾积水已漂移至墓门口，呈东西向横置。虽然木棺已腐朽，但漆皮保存较好。根据棺板灰和残存的漆皮测量，棺长2.25、宽0.70米。棺木外先施一层厚0.5厘米的漆腻，其外再髹数层黑漆。棺内骨架一具，保存基本完好，头向东，仰身直肢葬，墓主人身长约1.20米（图一一八）。

二　随葬品

西墓室随葬品十分丰富，共出土陶器13件，瓷器17件，铜器30件，铁器8件，金银器51件，另外有漆木器30件，多数腐朽严重，完整者仅10件，玉石器7件（套），骨角器8件，其他类随葬品有石黛板、煤精兽、琥珀兽、云母片、骨镞、石棋子等9件（套），共计173件（套）。

棺内人骨架头部残存的一束头发上，插有金簪、金钗。在胸部清理出金串珠43粒，手部各有一对金手镯，在双手部位还发现11枚金指环，周围还有金铃等饰物。在骨架的左右两侧各有一把环首

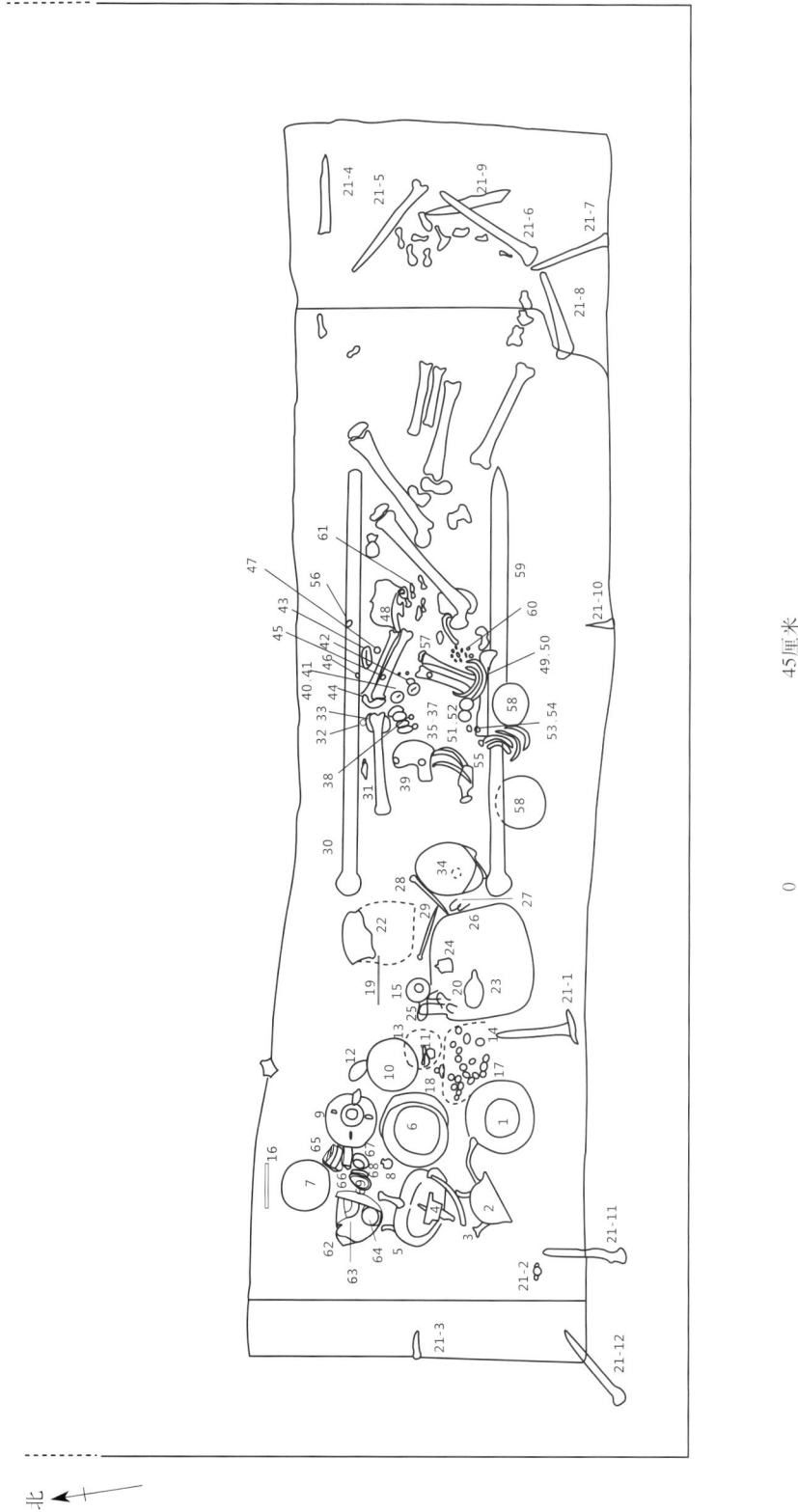

图一一八　M1西室棺内平面及出土器物分布图

1. 漆盘　2、5. 铜锥斗　3. 铜削　4. 铜弩机　6. 铜釜　7. 角束发器　8、15. 酱釉壶　9. 青瓷鸡首壶　11、18. 铜铺首　12、23. 漆勺　13. 漆盘　14.
石球　16. 骨尺　17. 石棋子　19. 银钗（置于漆盘内）　20、27. 银钗（4件）　21. 铁棺钉　22. 纱帽遗迹　24. 金铛　25、26. 金珠　27. 银
钗　28、29. 金铛　30、59. 环首铁刀　31、43. 铜带扣　32、34～37、39、42、46、51、52、55、56. 铁钗　33、44、49、50. 金镯　38. 金珠　40、41.
53、54. 金铃　45、57. 玉珠　47. 金兽首　48. 铜带钩　58. 金兽首　60. 药丸?　61. 金指环　62、63、64. 漆卮　65. 漆碗　66. 椭圆漆
盒　67. 漆罐　68. 圆漆盒　69. 漆器盖　70. 角管状器　71. 角球形器　72～75. 琥珀兽　76. 琥珀壶（淘洗时发现，未标在图中）

第二章　一号墓（M1）

铁刀。棺内西部随葬有铜弩机、鐎斗、铜釜、铁镜、青瓷鸡首壶、漆盘、漆勺、棋子等。

其他随葬品主要分布在墓室内的中、南部。中部西侧有青瓷鸡首壶、坛、盘口壶、烛台、铜熏、盉、鐎斗、鼎、洗等。南部自西方向东有漆盘、铁镜、青瓷钵、陶盘、玉剑璏、铜钱、铜熏、青瓷钵、盘口壶、铜壶、铁镜、铜鐎斗、青瓷盘口壶、陶高足盘、陶盘、漆壶、铜灯、铁灯等。墓室内还散见有铁棺钉（图一一九、一二〇）。

图一一九　M1西墓室随葬品出土情况

图一二〇　M1西墓室随葬品出土情况

（一）陶器

共13件。器形有陶盘、高足盘、釉陶壶三类。

1．陶盘

8件。均泥质青灰陶。器形基本相同，唯大小及外壁略有区别。器表均施一层褐色漆衣，但多已脱落。

　　M1西：29，敞口，方唇，盘较深，斜壁，内壁有数周凹弦纹。盘内底略下凹，有内外两周凸棱，外沿下有一周凹弦纹，小平底。口径25.2、底径16.0、高4.4厘米（图一二一，1、一二二，1）。

　　M1西：37，敞口，盘较深，斜壁，口沿外壁有凸棱一周，盘内底略下凹，有内外两周凸棱，平底较大。口径23.8、底径12.8、高3.6厘米（图一二一，2、一二二，2）。

　　M1西：40，敞口，盘较浅，斜壁，平底，口沿外壁微凹，盘内底略下凹，有内外两周凸棱，大平底，平底外缘微内凹。口径26.3、底径17.3、高3.1厘米（图一二一，3、一二二，3）。

　　M1西：43，敞口，盘极浅，斜壁，盘内底略下凹，有内外两周凸棱，大平底。口径24.4、底径14.6、高2.9厘米（图一二一，4、一二二，4）。

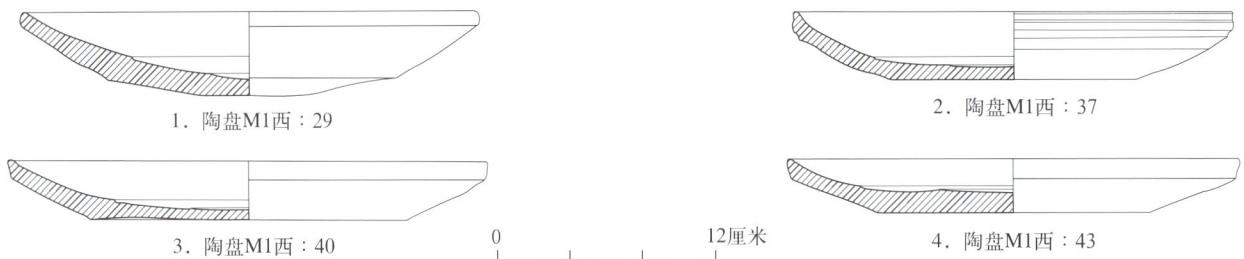

1. 陶盘M1西：29　　　　　　　　　　　2. 陶盘M1西：37

3. 陶盘M1西：40　　0　　　　12厘米　　　4. 陶盘M1西：43

图一二一　陶盘

1. 陶盘M1西：29

2. 陶盘M1西：37

3. 陶盘M1西：40

4. 陶盘M1西：43

图一二二　陶盘

M1西：44，敞口，盘较深，斜壁，口沿外壁微凹，盘内底略下凹，有内外两周凸棱，大平底，平底微内凹。口径29.6、底径16.8、高4.6厘米（图一二三，1、一二四，1）。

M1西：54，敞口，盘略浅，斜壁，口沿外壁微凹，盘内底略下凹，有内外两周凸棱，大平底，平底外缘微内凹。口径27.6、底径17.3、高3.6厘米（图一二三，2、一二四，2）。

M1西：55，敞口，盘较浅，斜壁，外沿下有一周凹弦纹，盘内底略下凹，有内外两周凸棱，大平底。口径29.6、底径17.2、高4.6厘米（图一二三，3、一二四，3）。

M1西：61，敞口，盘较深，斜壁，口沿外壁微凹，盘内底略下凹，有内外两周凸棱，平底略小，平底外缘微内凹。口径26.9、底径12.6、高4.6厘米（图一二三，4、一二四，4）。

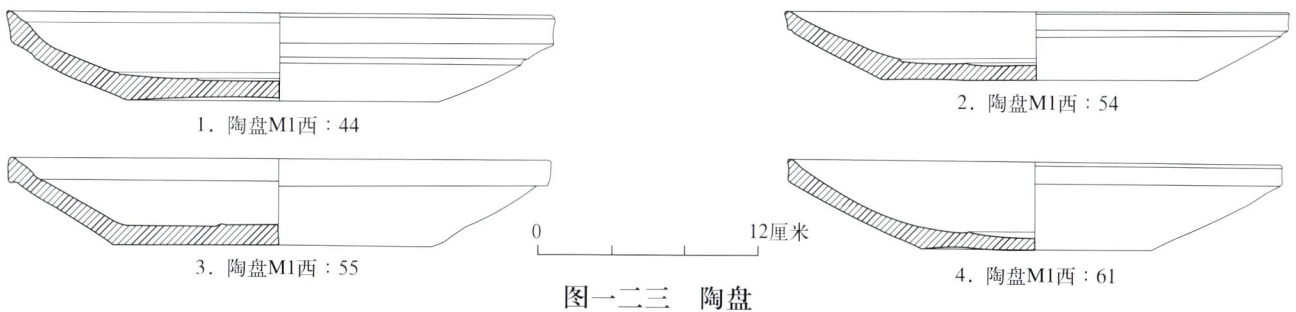

1. 陶盘M1西：44

2. 陶盘M1西：54

3. 陶盘M1西：55

0　　　　　　　12厘米

4. 陶盘M1西：61

图一二三　陶盘

1. 陶盘M1西：44

2. 陶盘M1西：54

3. 陶盘M1西：55

4. 陶盘M1西：61

图一二四　陶盘

第二章　一号墓（M1）

2．陶高足盘

4件。泥质青灰陶，形似豆状。浅盘，短柄，喇叭形圈足。

M1西：50，敞口，盘壁斜微弧，圈足呈阶梯状。口径13.0、底径11.2、高9.4厘米（图一二五，1、一二六，1）。

M1西：51，直口微侈，腹壁折收，圈足呈台阶状。口径12.9、底径11.4、高9.5厘米（图一二五，2、一二六，2）。

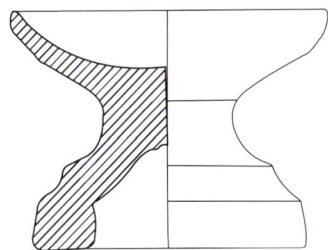

1．陶高足盘M1西：50

0   9厘米

图一二五　陶高足盘

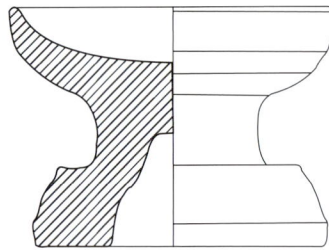

2．陶高足盘M1西：51

1．陶高足盘M1西：50

图一二六　陶高足盘

2．陶高足盘M1西：51

M1西：52，敞口，盘壁斜，盘底较平，圈足呈阶梯状。口径12.6、底径11.6、高9.9厘米（图一二七，1、一二八，1）。

M1西：53，直口微侈，外壁口沿下微内弧，下折收。圈足呈阶梯状，下部微内弧。口径14.2、底径11.4、高10.8厘米（图一二七，2、一二八，2）。

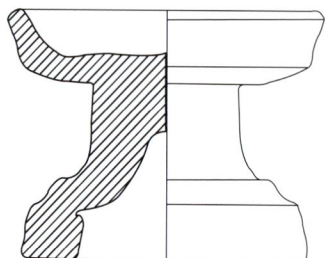

1．陶高足盘M1西：52

0   9厘米

图一二七　陶高足盘

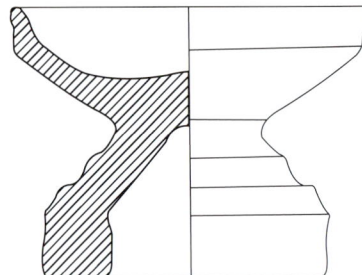

2．陶高足盘M1西：53

临沂洗砚池晋墓

1. 陶高足盘M1西：52

2. 陶高足盘M1西：53

图一二八　陶高足盘

3．釉陶壶

1件。

M1西：34，泥质灰陶，通体施黑釉。直口，扁圆腹，底内凹。肩饰一道凹弦纹。口径3.3、底径4.4、高4.5厘米（图一二九、一三〇）。

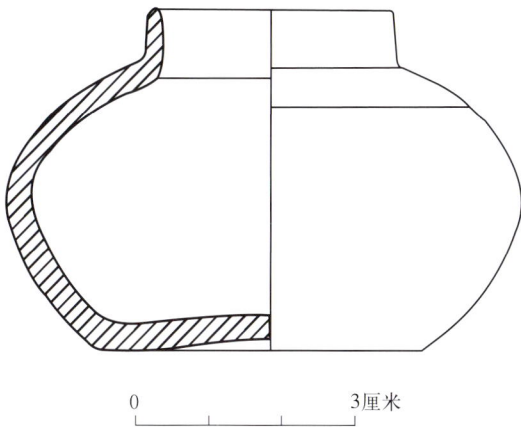

图一二九　釉陶壶M1西：34

图一三〇　釉陶壶M1西：34

（二）瓷器

共17件。器形有青瓷碗、钵、鸡首壶、盘口壶、坛、酱釉壶、水注、鼠、砚等。

1．青瓷碗

1件。

M1西：42，敞口，弧腹，底内凹。外壁口沿下饰两周凸弦纹，内底饰一周凸弦纹。青黄釉。口径18.3、底径10.0、高7.0厘米（图一三一、一三二）。

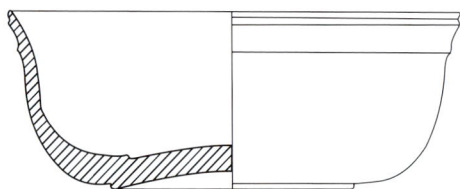

图一三一　青瓷碗M1西：42

图一三二　青瓷碗M1西：42

2．青瓷钵

4件。分两型。

A型　2件。敞口，弧腹。

M1西：49，平底。口沿下饰一周凹弦纹。施青绿釉，内满釉，外半釉。口径15.6、底径9.4、高6.0厘米（图一三三，1、一三四）。

M1西：36，底微内凹。口沿下饰两周凹弦纹。施青釉，内满釉，外半釉。口径15.7、底径10.0、高5.9厘米（图一三三，2、一三五）。

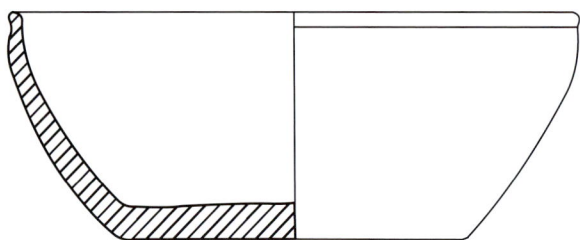

1．青瓷钵 M1西：49

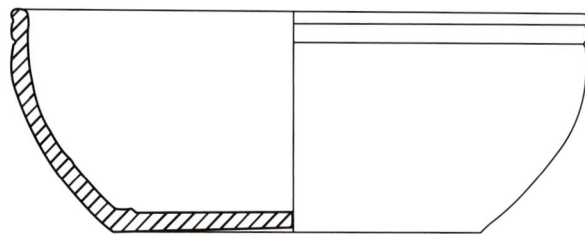

2．青瓷钵 M1西：36

图一三三　青瓷钵

图一三四　青瓷钵M1西：49

图一三五　青瓷钵M1西：36

B型　2件。敞口，弧腹，内底有一圈凸弦纹，有支钉烧痕。施青釉，内满釉，外釉不及底。

M1西：28，底内凹。口沿下饰两周凹弦纹，腹饰斜网格纹带。口径16.0、底径8.8、高5.2厘米（图一三六，1、一三七）。

M1西：63，口微敛，底微内凹，口沿下饰凹弦纹一周，腹饰斜网格纹带。口径15.4、底径7.7、高5.7厘米（图一三六，2、一三八）。

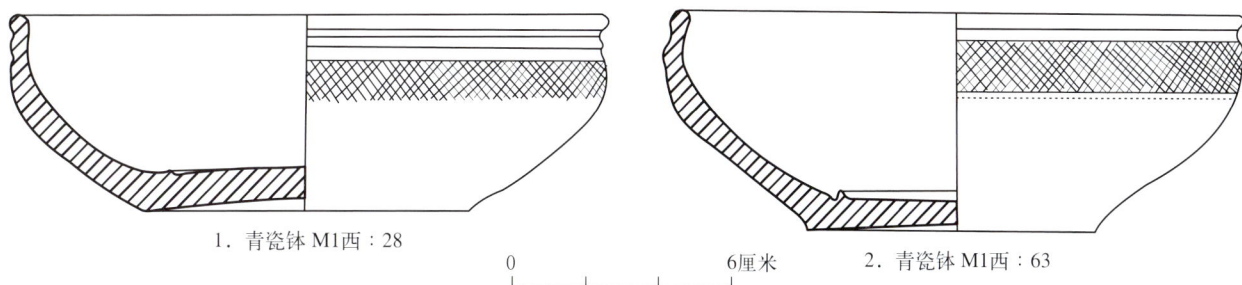

1. 青瓷钵 M1西：28

0　　　　　　6厘米

2. 青瓷钵 M1西：63

图一三六　青瓷钵

图一三七　青瓷钵M1西：28

图一三八　青瓷钵M1西：63

临沂洗砚池晋墓

3. 青瓷鸡首壶

2件。盘口，圆腹，肩部堆塑无颈鸡首及尾饰，肩附一对称竖系，底内凹。

M1西：9，造型优美，制作精良。肩饰芝麻花联珠纹和斜网格纹带。施青釉微泛黄，釉面光亮。口径7.6、腹径14.5、底径6.6、高13.8厘米（图一三九、一四〇）。

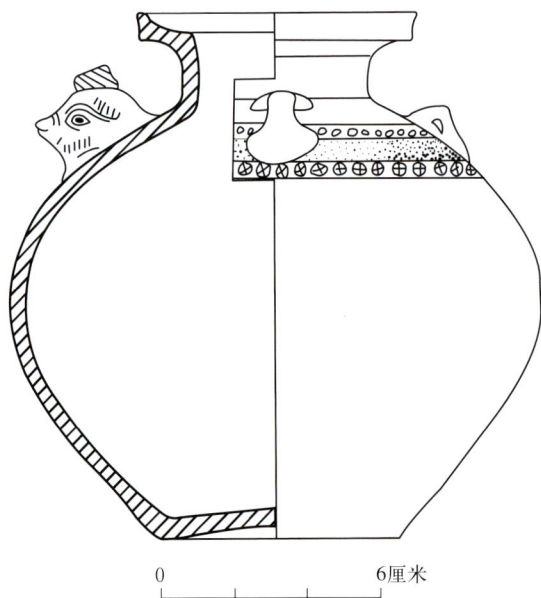

图一三九　青瓷鸡首壶M1西：9

图一四〇　青瓷鸡首壶M1西：9

M1西棺内：9，造型优美，制作精良。肩饰芝麻花联珠纹和斜网格纹带。施青釉微泛黄，釉面光亮。口径7.9、腹径14.6、底径6.8、高13.8厘米（图一四一、一四二）。

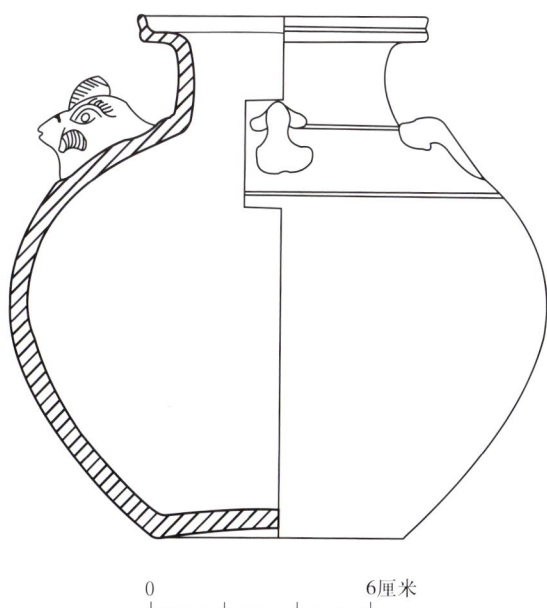

0　　　　　　6厘米

图一四一　青瓷鸡首壶M1西棺内：9

图一四二　青瓷鸡首壶M1西棺内：9

4．青瓷盘口壶

3件。盘口，短束颈，圆鼓腹，底内凹。

M1西：1，口沿有残，口沿外饰凹弦纹两周。肩两侧附两竖系，系上有蕉叶纹，并贴有对称的两异兽，肩部饰有凹弦纹间有芝麻花联珠纹。施青黄色釉，釉不及底，釉面光亮。口径13.3、腹径26.0、底径14.2、高23.7厘米（图一四三，1、一四四）。

M1西：12，肩附四横系，并饰有凹弦纹。平底。施青灰釉，釉不及底。口径14.7、腹径24.4、底径14.1、高22.0厘米（图一四三，2、一四五）。

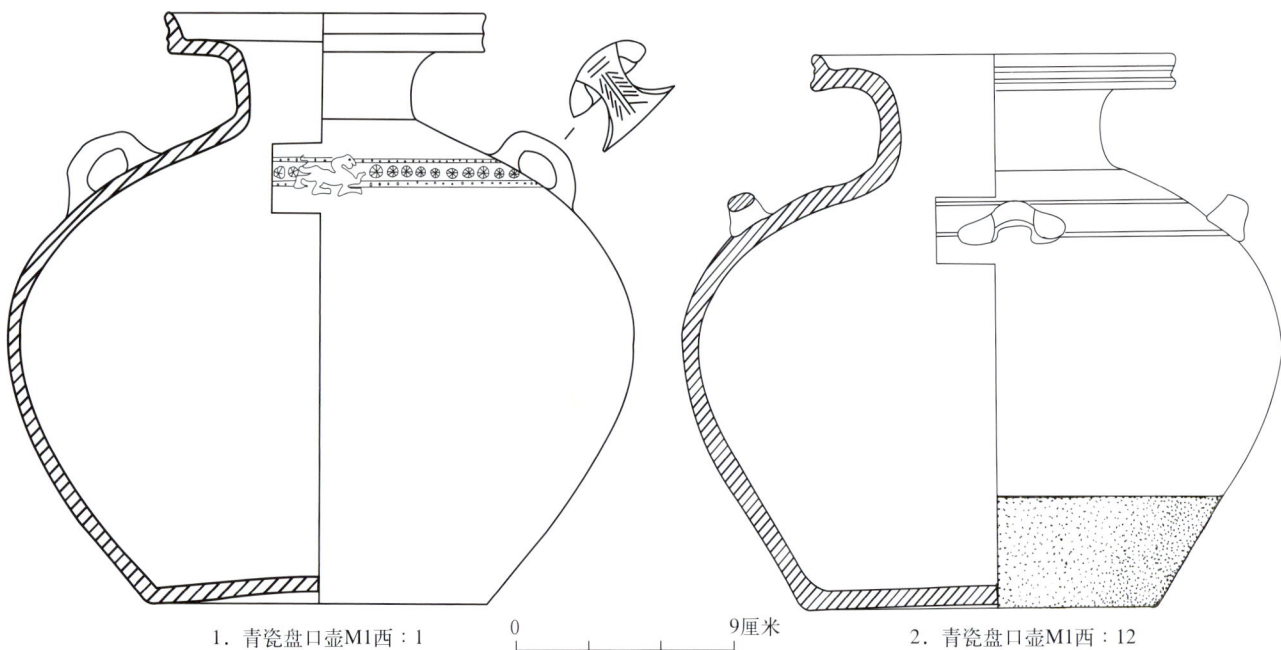

1. 青瓷盘口壶M1西：1　　0　　　9厘米　　2. 青瓷盘口壶M1西：12

图一四三　青瓷盘口壶

图一四四　青瓷盘口壶M1西：1

临沂洗砚池晋墓

图一四五　青瓷盘口壶M1西：12

M1西：48，口沿外饰两周凹弦纹，肩附四横系，并饰有三周凹弦纹。平底内凹。施青灰釉，釉不及底。口径14.3、腹径25.0、底径13.9、高23.6厘米（图一四六、一四七）。

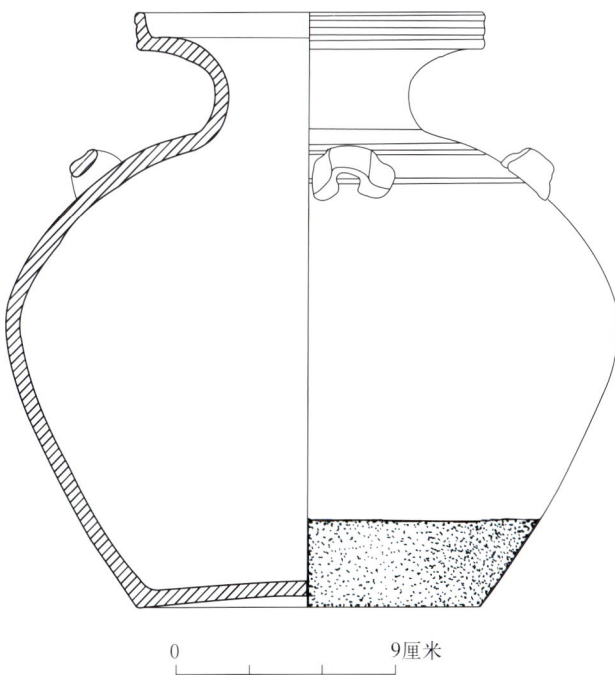

0　　　　　　　9厘米

图一四六　青瓷盘口壶M1西：48

图一四七　青瓷盘口壶M1西：48

5．酱釉壶

3件。器形相同，大小有别。口沿外侈，束颈，鼓腹，平底微内凹。腹饰一周凹弦纹。红褐色胎，通体施酱色釉。

M1西棺内：8，口径1.6、腹径3.9、底径2.1、高3.4厘米（图一四八，1、一四九，1）。

M1西棺内：15，肩有三支钉烧痕，口沿上有釉瘤。口径1.9、腹径5.5、底径3.1、高4.6厘米（图一四八，2、一四九，2）。

M1西：72，颈部、肩部各饰一周凹弦纹。口径2.7、腹径6.0、底径3.0、高5.4厘米（图一四八，3、一四九，3）。

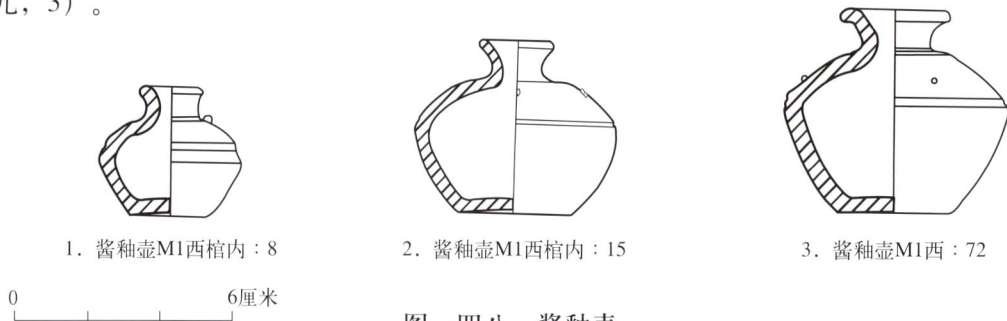

1．酱釉壶M1西棺内：8　　　　2．酱釉壶M1西棺内：15　　　　3．酱釉壶M1西：72

0   6厘米

图一四八　酱釉壶

1．酱釉壶M1西棺内：8

2．酱釉壶M1西棺内：15

3．酱釉壶M1西：72

图一四九　酱釉壶

临沂洗砚池晋墓

6. 青瓷坛

1件。

M1西：11，为双口沿，内为直口，方唇，外口侈，方唇，高于内口，外口外沿下微内弧。圆鼓腹，底内凹，肩部两侧有双竖系，系上饰蕉叶纹。两侧贴有对称的铺首，并饰有凹弦纹、联珠纹及网格纹带。施青釉，釉不及底。内口径9.6、外口径19.0、腹径28.8、底径12.0、高25.2厘米（图一五〇、一五一）。

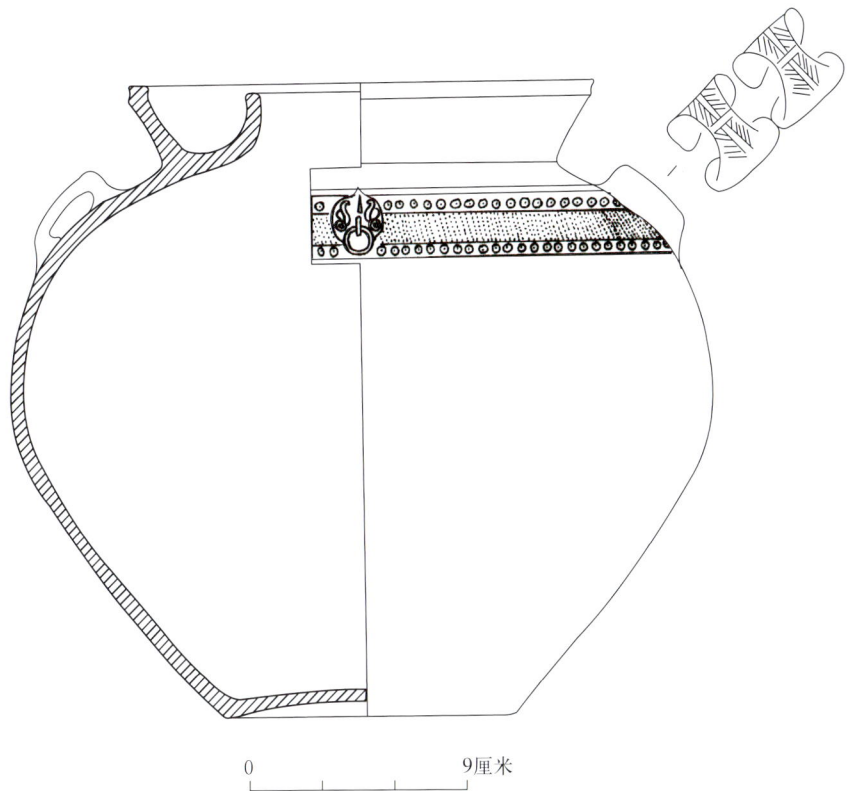

0   9厘米

图一五〇　青瓷坛M1西：11

图一五一　青瓷坛M1西：11

7. 青瓷胡人骑狮烛台

1件。

M1西：22，造型奇特，制作精致，极为珍贵。一胡人浓眉大眼，两眼圆睁，高鼻大耳，络腮胡须，髯须上翘。头戴网纹卷沿高筒帽，帽中间饰有凹弦纹，帽后两带交叉下垂。身着圆圈、十字形纹衫裤，足穿网纹履，端坐于狮背上。左手揪狮耳，右手执便面于胸前，目视前方，呈驾驭雄狮的威严气派。卧狮怒目，张口，撩牙外露，领下有须，长尾呈树叶状下垂，尾尖上卷，狮身印有圈形斑纹，箟划鬃毛，通体施青釉。狮身长20.2、宽10.1、人狮通高27.1厘米（图一五二～一五五）。

图一五三　青瓷胡人骑狮烛台M1西：22局部

临沂洗砚池晋墓

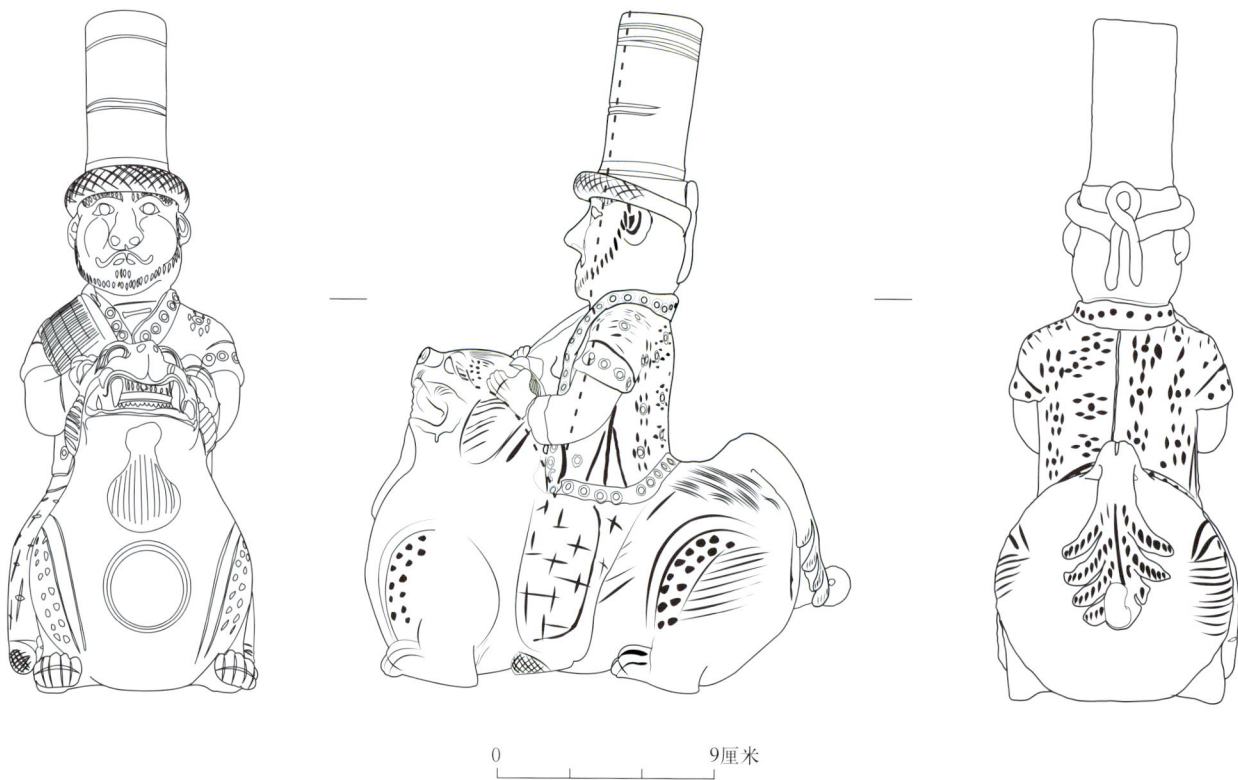

0　　　　　　　　9厘米

图一五二　青瓷胡人骑狮烛台M1西：22

图一五四　青瓷胡人骑狮烛台M1西：22

图一五五　青瓷胡人骑狮烛台M1西：22局部

8. 瓷砚

1件。

M1西：87，黄胎，无釉，带盖。子母口，浅盘，砚面上凸，中间留有朱砂痕迹，平底，下附三蹄足。盖顶平，顶正中有一圆柱形纽。口径6.8、带盖通高3.8厘米（图一五六、一五七）。

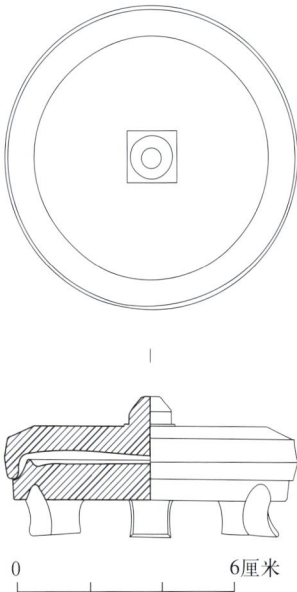

图一五六　瓷砚M1西：87

图一五七　瓷砚M1西：87

9．青瓷鼠

1件。

M1西：68，伏卧状。嘴尖而长，大耳，身躯中部拱起，曲尾，鼠身刻划有毛须状纹。通体施青绿釉。体长4.5、宽1.9、高1.9厘米（图一五八、一五九）。

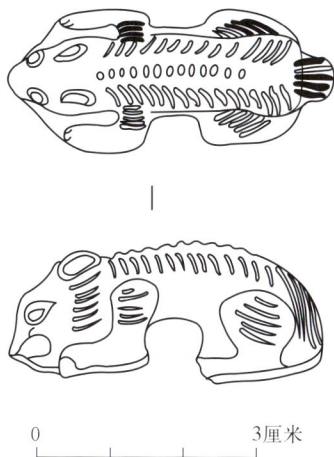

图一五八　青瓷鼠M1西：68

图一五九　青瓷鼠M1西：68

（三）铜器

30件。器形有铜鼎、釜、洗、壶、鐎斗、灯、熏、魁、带钩、弩机、削等。

1．铜鼎

1件。

M1西：2，残破变形。敛口，扁圆腹，上腹部凸出一周腰沿，圜底，三较高蹄形足。口两侧有对称的两个环形立耳，一耳残缺。口径9.8、最大腹径15.6、通高11.9厘米（图一六〇、一六一）。

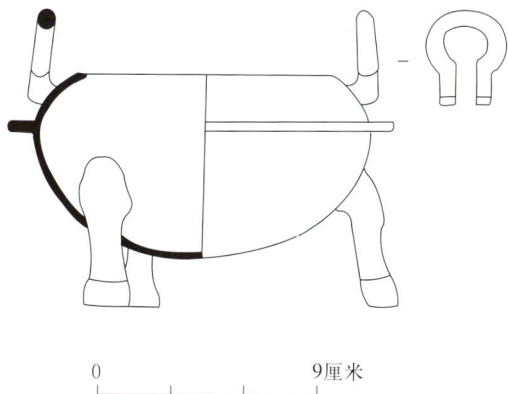

图一六〇　铜鼎M1西：2

图一六一　铜鼎M1西：2

2．铜釜

1件。

M1西棺内：6，敞口，圆唇，宽斜折沿，沿面有明显的内折。束颈，圆鼓腹，腹饰三道凸弦纹，圜底近平。口径14.0、腹径13.5、高9.5厘米（图一六二、一六三）。

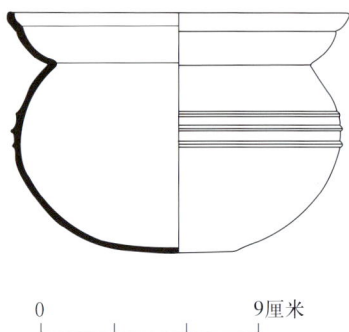

图一六二　铜釜M1西棺内：6

图一六三　铜釜M1西棺内：6

3．铜釜形器

1件。或为铜帽。

M1西：41，整体呈半圆形，直口，口下有两周凹弦纹，弧腹，圜底。口径3.6、高1.8厘米（图一六四）。

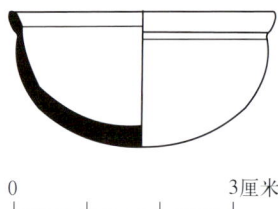

图一六四　铜釜形器M1西：41

4．铜碗

1件。

M1西：91，直口，平沿，弧腹，假圈足，平底。口外沿下有一周凹弦纹。口径8.3、底径5.4、高3.2厘米（图一六五、一六六）。

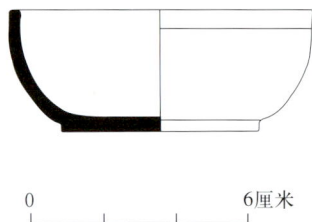

图一六五　铜碗M1西：91

图一六六　铜碗M1西：91

临沂洗砚池晋墓

5．铜洗

1件。

M1西：19，略变形。敞口，宽斜折沿，沿面微凹，弧腹，平底。底部中央微凸成小平底，直径9.4厘米。口径30.4、底径20.5、高7.5～7.8厘米（图一六七，1、一六八）。

6．铜壶

1件。

M1西：45，直口内敛，束颈，圆鼓腹，假圈足，平底。口径8.6、腹径13.4、底径8.9、高12.5厘米（图一六七，2、一六九）。

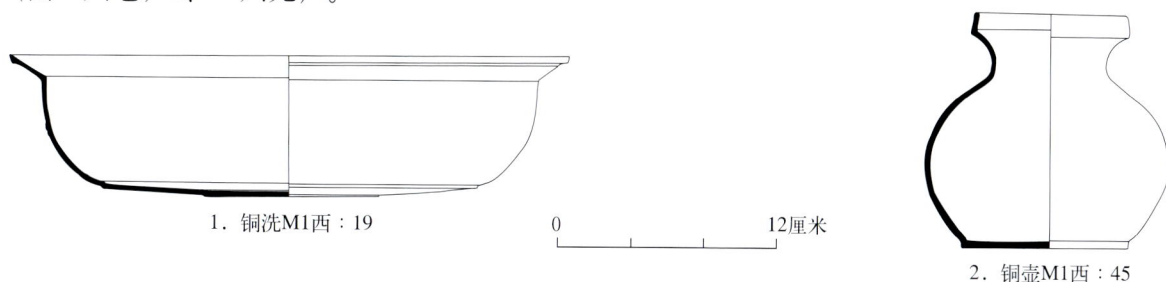

1．铜洗M1西：19

0   12厘米

2．铜壶M1西：45

图一六七　铜洗、铜壶

图一六八　铜洗M1西：19

图一六九　铜壶M1西：45

7．铜鐎斗

5件。

M1西棺内：2，敞口，宽斜折沿，口部有一较宽流。弧腹较浅，圜底近平，下附三个兽面蹄足。上腹部接一弯曲龙首长柄，龙首高昂。口径11.4、高5.7、连柄通高9.9厘米（图一七〇，1、一七一）。

M1西：4，敞口，斜折沿较窄，口部有一流较窄。弧腹较深，圜底，下附三个兽面蹄足。上腹部接一弯曲龙首长柄，龙首上昂。口径13.2、高7.5、连柄通高10.2厘米（图一七〇，2、一七二）。

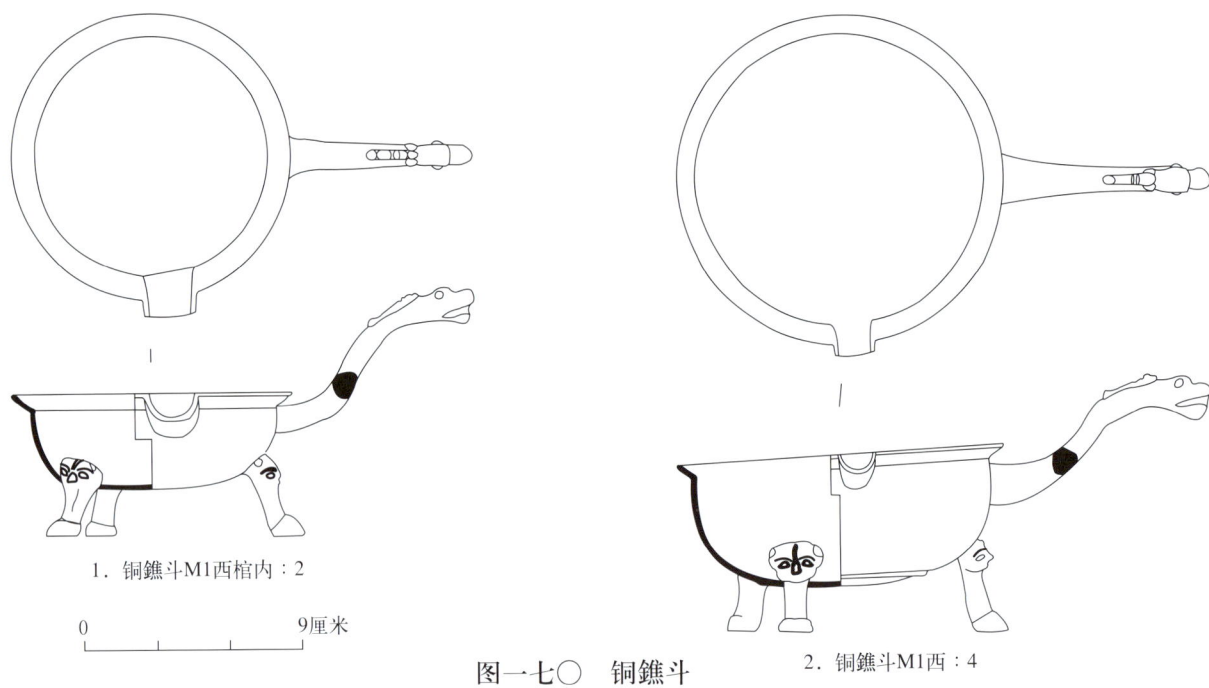

1. 铜鐎斗M1西棺内：2

0　　　　　　　　9厘米

图一七〇　铜鐎斗

2. 铜鐎斗M1西：4

图一七一　铜鐎斗M1西棺内：2

图一七二　铜鐎斗M1西：4

临沂洗砚池晋墓

M1西棺内：5，敞口，宽斜折沿，弧腹较深，圜底，底附三个兽面外撇蹄足。上腹部接一弯曲龙首长柄，龙首部略平。口径17.3、高8.6、连柄通高11.1厘米（图一七三，1、一七四）。

M1西：47，敞口，斜沿，浅弧腹，平底，下附三蹄足。口沿一侧接一长直柄，柄首环形，中间有孔。口径13.7、底径7.8、高6.8、连柄通高7.2厘米（图一七三，2、一七五）。

M1西：7，略变形。大敞口，口内沿有一周凹弦纹。腹较浅，上下腹之间有明显折棱。上腹部形似大盘口，下腹壁斜直，器表有两周较宽凸棱。圜底，下附三个外撇的高三角形锥状足。腹中部接一龙首长柄，柄向上弧曲。口径17.1、底径12.0、高13.2、连柄通高19.5厘米（图一七三，3、一七六）。

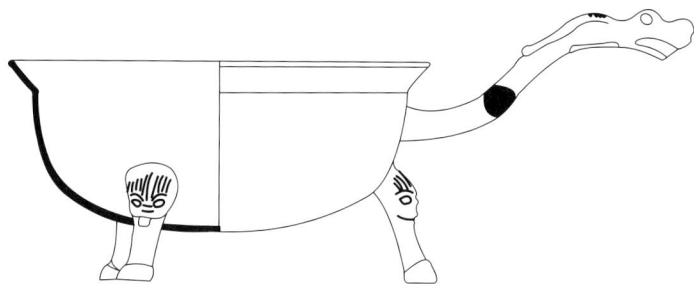

1. 铜鐎斗·M1西棺内：5

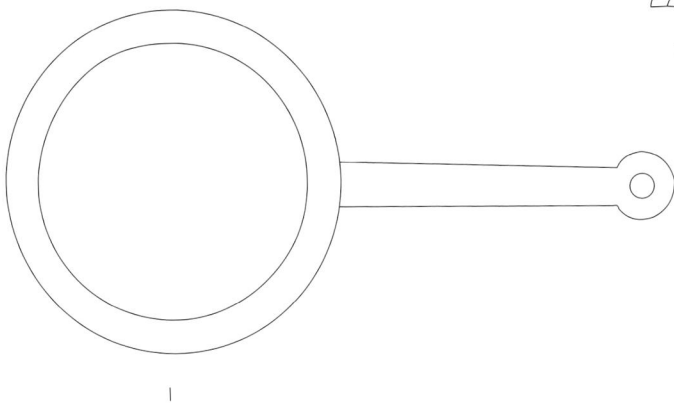

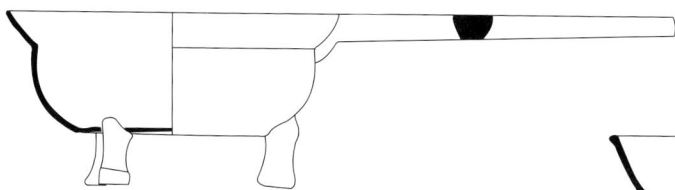

2. 铜鐎斗·M1西：47

3. 铜鐎斗·M1西：7

0　　　　　　　9厘米

图一七三　铜鐎斗

第二章　一号墓（M1）

图一七四　铜鐎斗M1西棺内：5

图一七五　铜鐎斗M1西：47

图一七六　铜鐎斗M1西：7

临沂洗砚池晋墓

8. 铜鐎盉

1件。

M1西：8，直口内敛，平沿，扁圆腹，圜底，三较高蹄形足，略外撇。上腹部一侧有一长颈昂首的鸡首形流，腹中部有一中空长方形錾，肩部饰有凸弦纹。盖为弧顶，盖侧与肩部有关戾相连，可灵活开启。盖表面黏附有织物痕迹。口径10.0、腹径18.7、通高18.4厘米（图一七七、一七八）。

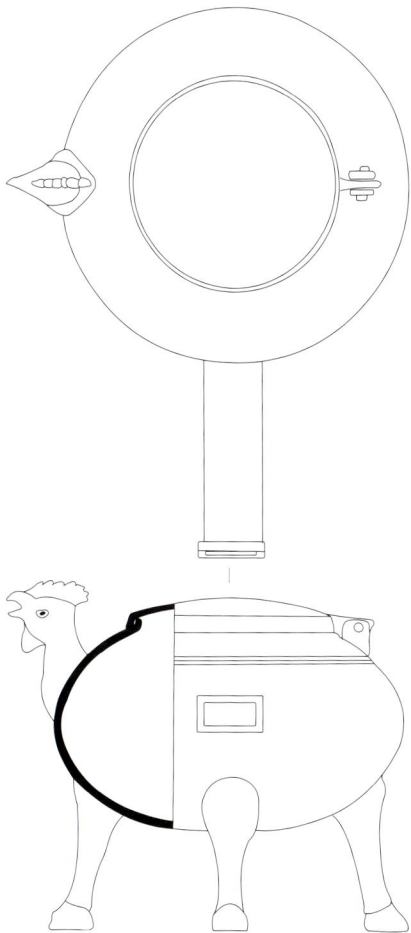

图一七八　铜鐎盉M1西：8

0　　　　　　　12厘米

图一七七　铜鐎盉M1西：8

9. 铜魁

1件。

M1西：5，残破严重。敞口，宽沿，弧腹，平底，下附三个乳丁足，腹部接一弧形六棱曲柄。口径20.4、底径12.3、通高10.8厘米（图一七九、一八○）。

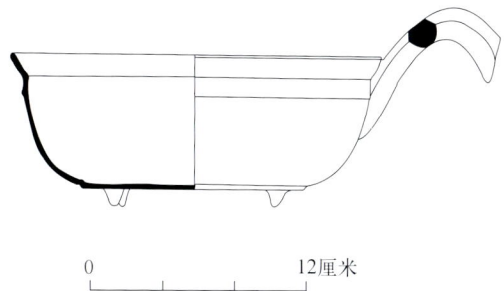

0　　　　　　　12厘米

图一七九　铜魁M1西：5

10．铜熏炉

1件。

M1西：38，由炉盖、炉身和承盘组成。盖分两半，一半有残缺，弧形顶，镂孔，上饰对称的孔雀一对，孔雀两侧各有一人，作乐舞状。盖与炉身有穿栓相连，开合自如。炉身似鼎状，口沿外有对称的半月形两竖耳，耳外壁上饰三道弧形凹纹。腹壁略斜直，与底相交处弧折，圜底近平，三矮蹄形足。承盘与炉身连为一体，大敞口，平折沿，腹壁斜直，平底。炉口径11.4、底盘口径20.5、通高12.5厘米（图一八一、一八二）。

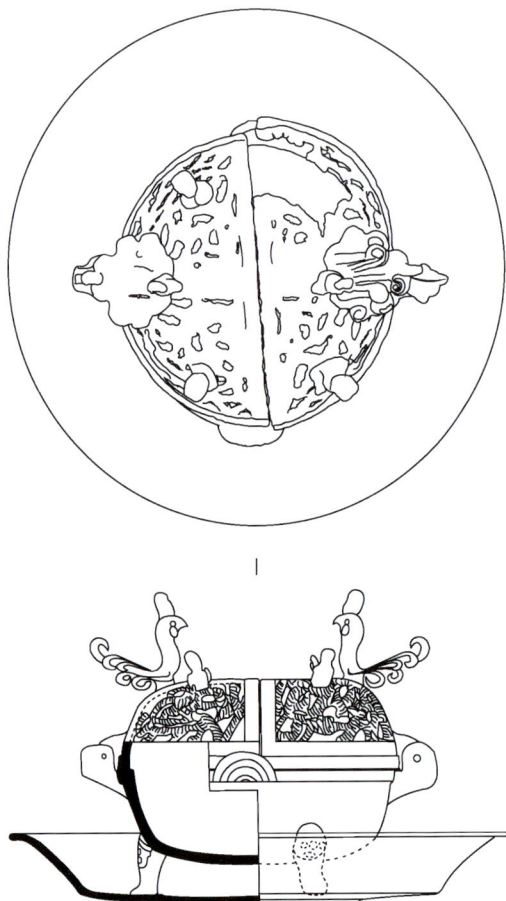

0　　　　　　　9厘米

图一八一　铜熏炉M1西：38

临沂洗砚池晋墓

11．铜凤形熏炉

1件。

M1西：10，炉身为凤鸟形，凤鸟长颈，头高昂，口衔一鱼，胸前伏一雏鸟，伸颈作觅食状。背与双翅为盖，上有镂孔，背翅上伏四雏鸟，翅下有穿栓，两盖可自由启合。长尾作开屏状。凤身饰有浅细羽毛纹。两足站立在承盘上，与承盘连为一体。承盘敞口，平沿，盘中间有一高2.4、直径1.4厘米的小圆管，中孔通至盘底。平底微凸，下附三乳丁状足。凤身长19.2、宽15.0、底盘径15.5、通高16.6厘米（图一八三～一八六）。

图一八四　铜凤形熏炉M1西：10

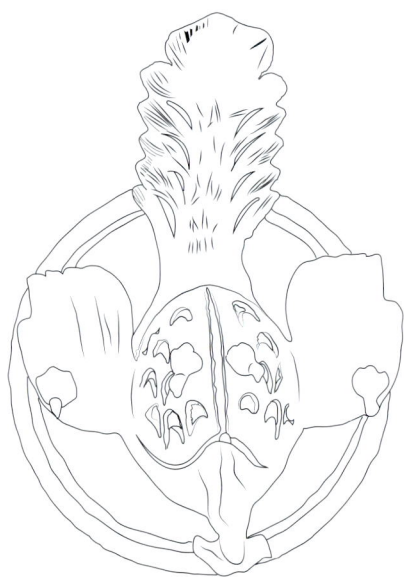

0　　　　　　　　9厘米

图一八五　铜凤形熏炉M1西：10

图一八六　铜凤形熏炉M1西：10

12. 铜仙人骑狮器

1件。

M1西：88，造型奇异，制作精美。为一仙人骑一雄狮。仙人长脸大耳，两眼微睁，嘴唇微闭，有胡须。头顶插一圆管形帽，中间有凸棱，帽顶端为一片状呈花瓣形饰。仙人上身裸露，下穿长裤，双手平伸，左手握一圆筒形器，应为插烛之用，右手掌向上作托物状，双腿骑坐在一雄狮上。狮身肌肉饱满，昂首张口，双目圆瞪，颌下长须，颈饰鬓毛纹，长尾下垂，四足雄踞。兽身长14.2、宽8.5、人兽通高19.1厘米（图一八七～一九〇）。

0   6厘米

图一八七　铜仙人骑狮器M1西：88

图一八八　铜仙人骑狮器M1西：88

图一八九　铜仙人骑狮器M1西：88

图一九〇　铜仙人骑狮器M1西：88局部

13．铜承盘灯形器

1件。

M1西：6，灯盘与承盘分别铸造，出土时灯盘掉落在承盘内，因此推断为同一件。灯盘圆形，浅盘，直壁，平底内凹，中间一圆孔。口径9.3、高1.5、孔径0.9厘米。承盘敞口，方唇，曲腹内收，圜底，底中部有一空心柱。口径16.3、盘高4.3、柱口径3.7、高4.9厘米（图一九一、一九二）。

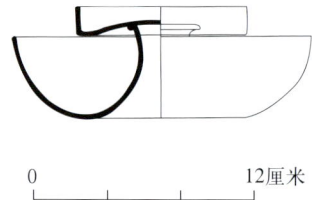

0 　　　　　　12厘米

图一九一　铜承盘灯形器M1西：6

图一九二　铜承盘灯形器M1西：6

14．铜灯

1件。

M1西：65，浅盘豆形。直盘口略外敞，平沿，方唇，盘内中间有一圆盘口，略高出盘外口，内外盘口之间有梁将其分成四隔。竹节状柱形柄，柄中部有三周凸棱。喇叭形圈足，圈足外壁饰两周凹弦纹。盘内口径8.4、外口径18.3、圈足径19.5、通高31.5厘米（图一九三、一九四）。

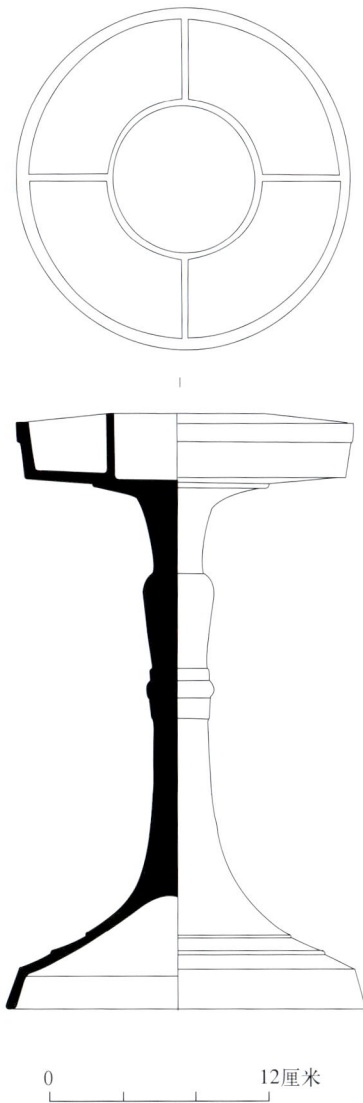

0   12厘米

图一九三　铜灯M1西：65

图一九四　铜灯M1西：65

15．铜削

1件。

M1西棺内：3，扁长条形，凹背，凸刃，刀体较长，条状柄窄短。通长16.9、刃宽1.6厘米（图一九五，1、一九六，1）。

16．铜弩机

1件。

M1西棺内：4，构件齐全，制作精良，有铭文。郭面铭文："正始二年五月十日左尚方造监作吏晃泉牙匠马广师张白□□江子师王阿"，郭侧铭文："武百六十六"。郭长11.8、宽3.5、通高14.6厘米（图一九五，2、一九六，2、3）。

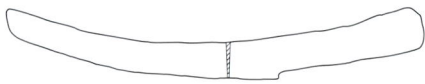

1．铜削M1西棺内：3

1．铜削M1西棺内：3

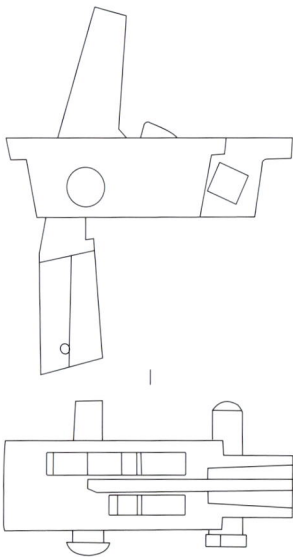

1．铜削M1西棺内：3

0   9厘米

2．铜弩机M1西棺内：4

图一九五　铜削、铜弩机

2．铜弩机M1西棺内：4

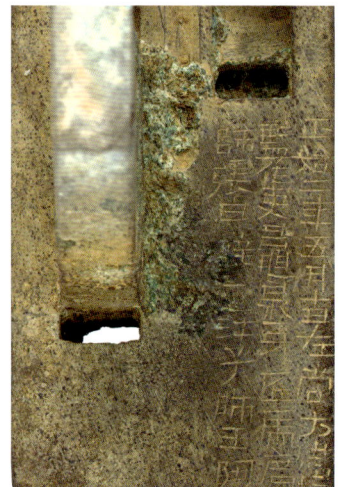

3．铜弩机M1西棺内：4

图一九六　铜削、铜弩机

临沂洗砚池晋墓

17．铜带钩

3件。

M1西棺内：48，瘦长腹，断面为圆形，钩部为兽首，腹背部有一圆纽。长11.4厘米（图一九七，1、一九八，1）。

M1西：76，器形短小，钩首作鹅首状，腹较肥，背部一圆纽较大。长3.7厘米（图一九七，2、一九八，2）。

M1西：92，钩首作兽头状，腹背部有一圆纽，腹上有6道凹纹，断面呈半月形。长5.0厘米（图一九七，3、一九八，3）。

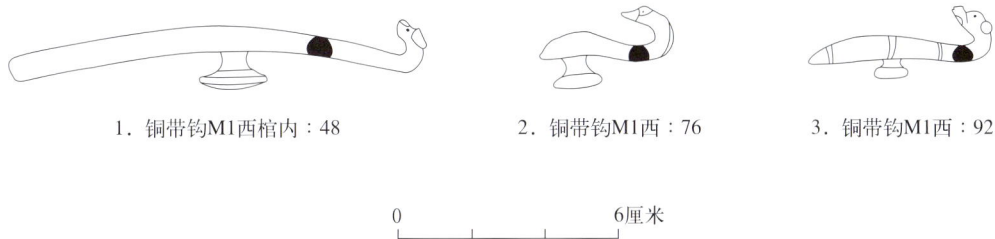

1．铜带钩M1西棺内：48　　　2．铜带钩M1西：76　　　3．铜带钩M1西：92

0   6厘米

图一九七　铜带钩

1．铜带钩M1西棺内：48

2．铜带钩M1西：76

3．铜带钩M1西：92

图一九八　铜带钩

第二章　一号墓（M1）

18．铜带扣

2件。边框前端半圆形，后端方形，上有卡针。

M1西棺内：43，长4.0、宽2.6厘米（图一九九、二〇〇）。

M1西棺内：31，残缺，锈蚀严重。

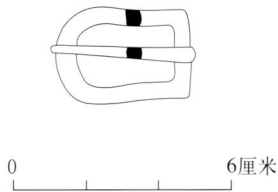

图一九九　铜带扣M1西棺内：43

图二〇〇　铜带扣M1西棺内：43

19．铜铺首

4件。均锈蚀严重，纹饰不清，应属漆器附件。

M1西：16-1，长4.3、宽3.4厘米（图二〇一，1、二〇二，左）。

M1西：16-2，锈蚀严重。长4.2、宽3.3厘米（图二〇一，2、二〇二，中）。

另2件出自棺内，锈蚀严重（图二〇二，右）。

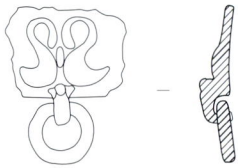

1. 铜铺首M1西：16-1　　　2. 铜铺首M1西：16-2

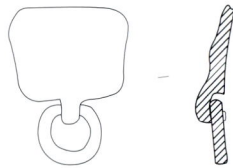

图二〇一　铜铺首

图二〇二　铜铺首

临沂洗砚池晋墓

20．铜柿蒂形纽座

1件。

M1西：18，应为漆器附件。表面灰褐色，应含有一定的铅锡成分。座上有环纽，纽中套一圆环。直径10.0厘米（图二〇三、二〇四）。

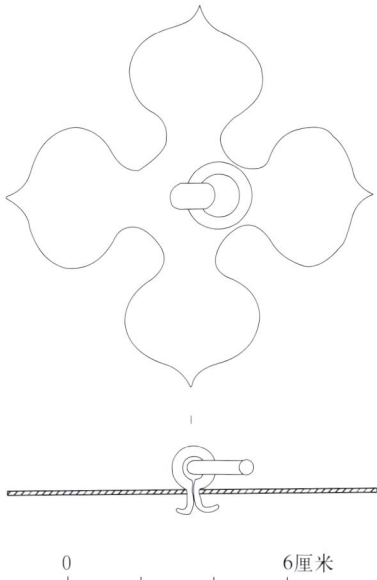

0　　　　　　6厘米

图二〇三　铜柿蒂形纽座M1西：18

图二〇四　铜柿蒂形纽座M1西：18

21．铜钱

多锈结一起，完整及较完整者14枚，文字多模糊不清，可辨者皆为"五铢"钱。钱径2.5、正方穿边长0.8厘米（图二〇五）。

图二〇五　铜钱

第二章　一号墓（M1）

（四）铁器

8件（套）。器形有环首铁刀、铁镜、铁灯等。

1. 环首铁刀

3件。环首均为椭圆形，锈蚀较甚。刀身狭长，刀背较厚，前锋锐利。

M1西棺内：30，已断为两截。长88.0、宽4.0、厚1.2厘米（图二〇六，1）。

M1西棺内：59，已断为三截。长86.0、宽3.5、厚1.3厘米（图二〇六，2）。

M1西：80，长120.0、宽3.9、厚1.8厘米（图二〇六，3）。

1. 环首铁刀M1西棺内：30

2. 环首铁刀M1西棺内：59

3. 环首铁刀M1西：80

0　　　　　　　　24厘米

图二〇六　环首铁刀

2. 铁镜

3件。均圆形，锈蚀严重。

M1西棺内：7，直径9.6厘米（图二〇七，1）。

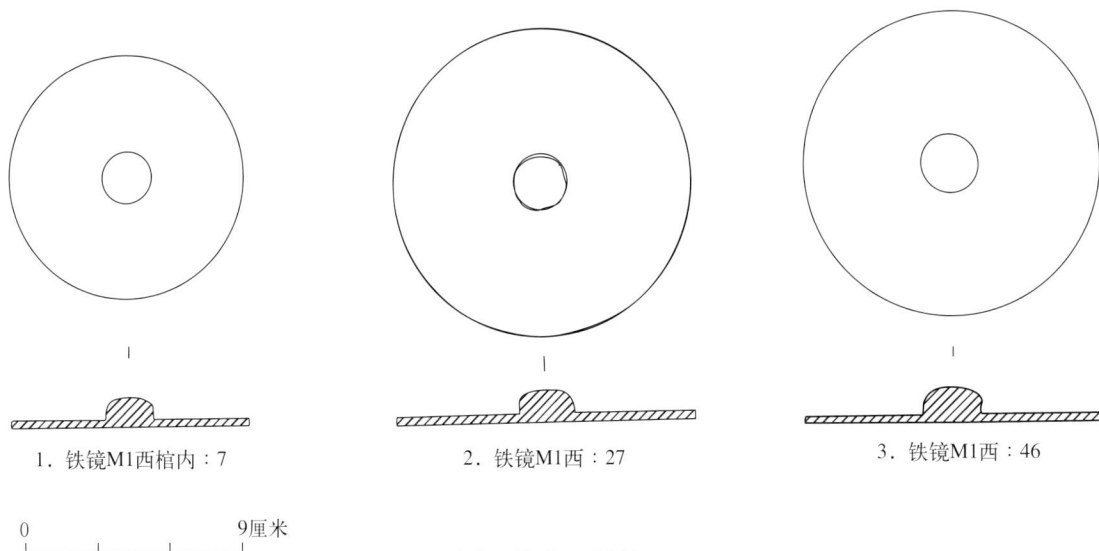

1. 铁镜M1西棺内：7

2. 铁镜M1西：27

3. 铁镜M1西：46

0　　　　9厘米

图二〇七　铁镜

M1西：27，直径12.2厘米（图二〇七，2）。

M1西：46，直径12.0厘米（图二〇七，3）。

3．铁灯

1件。

M1西：66，高柄豆形，浅盘，盘内中有一高1厘米的锥形灯芯。细高直柄，中间有凸棱，圈足残缺。口径16.3、残高38.8厘米（图二〇八）。

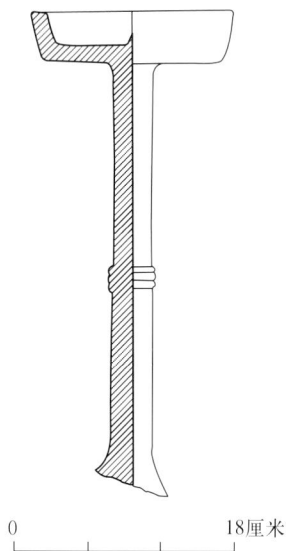

图二〇八　铁灯M1西：66

4．铁棺钉

出土数量较多，钉帽均方形，钉身尖柱形，最长者25.0厘米。

（五）金银器

共51件（套）。金器有金珰、金兽首、金镯、金指环、金簪、金钗、银钗、金铃、银铃、金珠。

1．金珰

4件。

M1西棺内：24-1，顶部起尖，圆肩，底微内凹。上饰蝉纹，蝉眼凸起，纹饰上布满细小金粟粒。上宽5.0、底宽4.1、高5.5、厚0.2厘米（图二〇九、二一〇）。

M1西棺内：24-2，顶部起尖，圆肩，底微内凹。蝉纹脱落，仅存底板。上宽5.0、底宽4.2、高5.5、厚0.2厘米（图二一一、二一二）。

M1西：93，顶部起尖，圆肩，底微内凹。蝉纹上部脱落，仅存下部。上宽5.1、底宽4.4、高5.4、厚0.2厘米（图二一三、二一四）。

图二○九　金雀M1西棺内：24-1

图二一○　金雀M1西棺内：24-1

临沂洗砚池晋墓

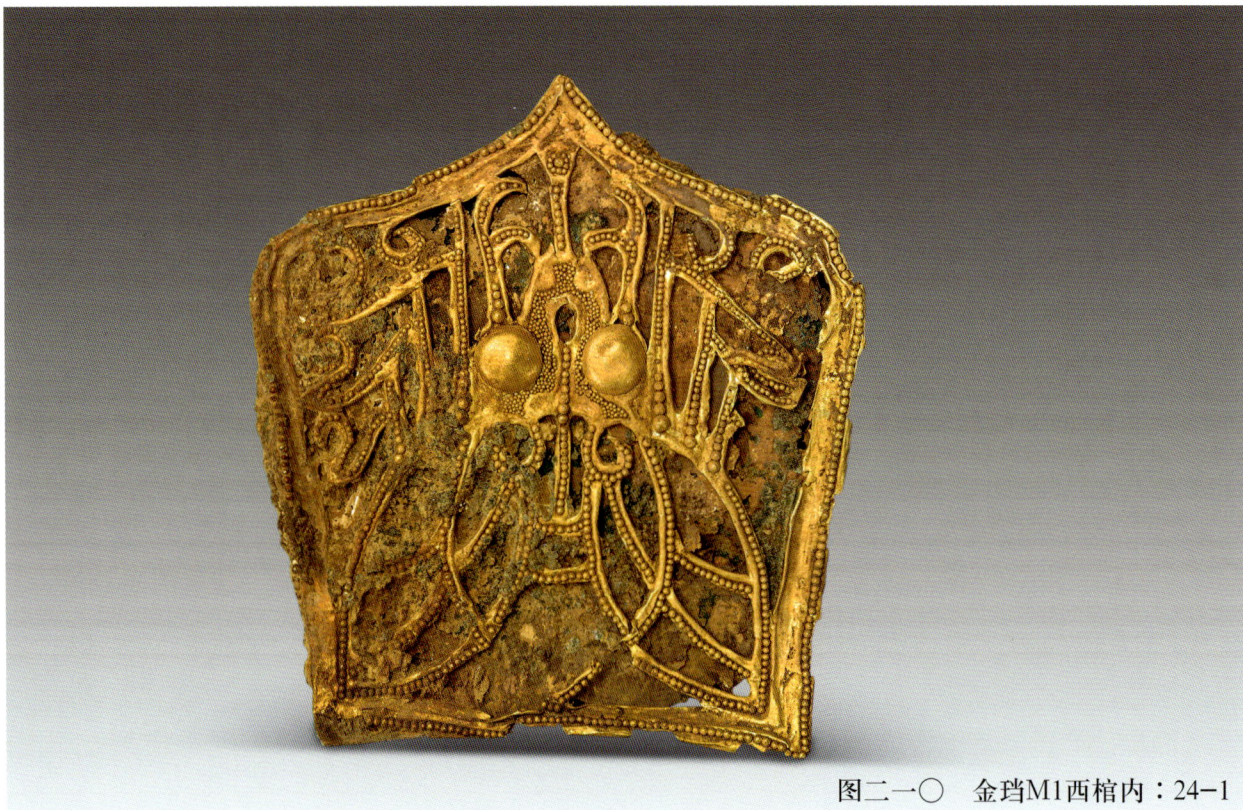

图二一一　金玱M1西棺内：24-2

0　　　　1厘米

图二一二　金玱M1西棺内：24-2

0　　　　　1厘米

图二一三　金珰M1西：93

图二一四　金珰M1西：93

2. 金兽首

1件。

M1西棺内：47，精致小巧，头部弯角清晰，并饰有小圆窝，横穿一孔。长1.1、宽0.6、高0.7厘米（图二一五、二一六）。

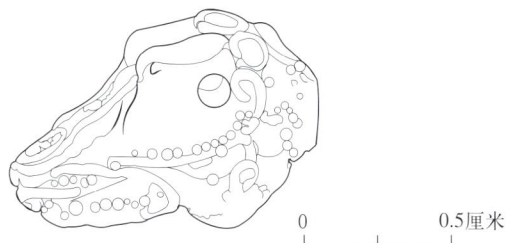

图二一五　金兽首M1西棺内：47

图二一六　金兽首M1西棺内：47

3. 金镯

4件。大小相近，圆形不规整。外缘饰密集的齿纹。

M1西棺内：33，直径5.9厘米（图二一七，1、二一八，左1）。

M1西棺内：44，直径5.4～6.2厘米（图二一七，2、二一八，左2）。

M1西棺内：49，直径5.9厘米（图二一七，3、二一八，左3）。

M1西棺内：50，直径5.8厘米（图二一七，4、二一八，左4）。

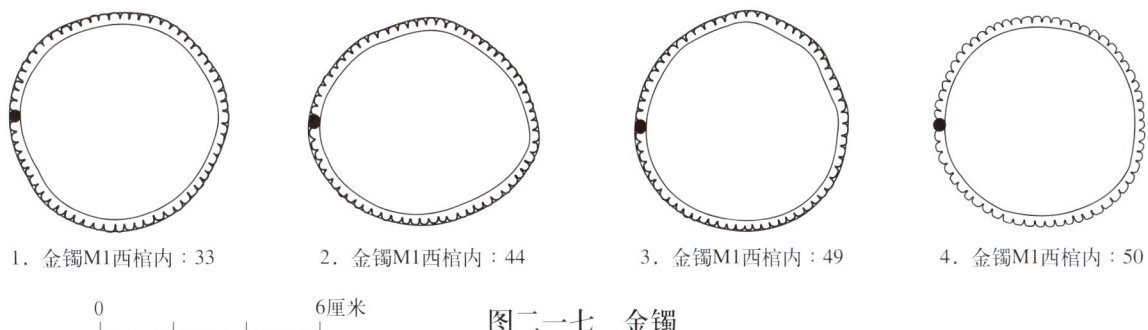

1. 金镯M1西棺内：33　　2. 金镯M1西棺内：44　　3. 金镯M1西棺内：49　　4. 金镯M1西棺内：50

图二一七　金镯

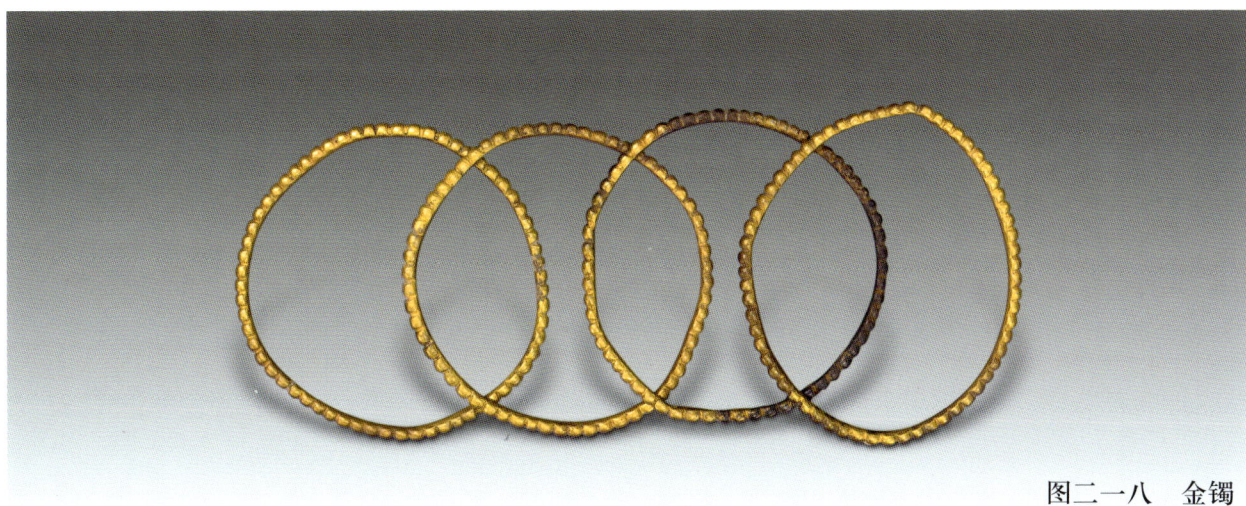

图二一八　金镯

第二章　一号墓（M1）

4．金指环

11件。

M1西棺内：61-1～11，圆形，大多不规整。直径1.3～1.8厘米（图二一九）。

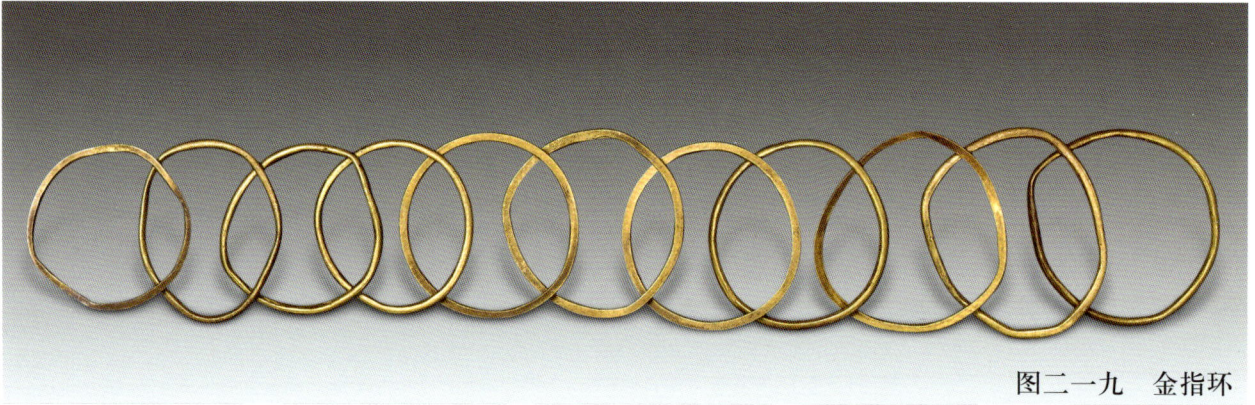

图二一九　金指环

5．金簪

2件。大小相同，长条形，簪首为球形。

M1西棺内：28，长14.0厘米（图二二〇，1、二二一，左）。

M1西棺内：29，长14.0厘米（图二二〇，2、二二一，右）。

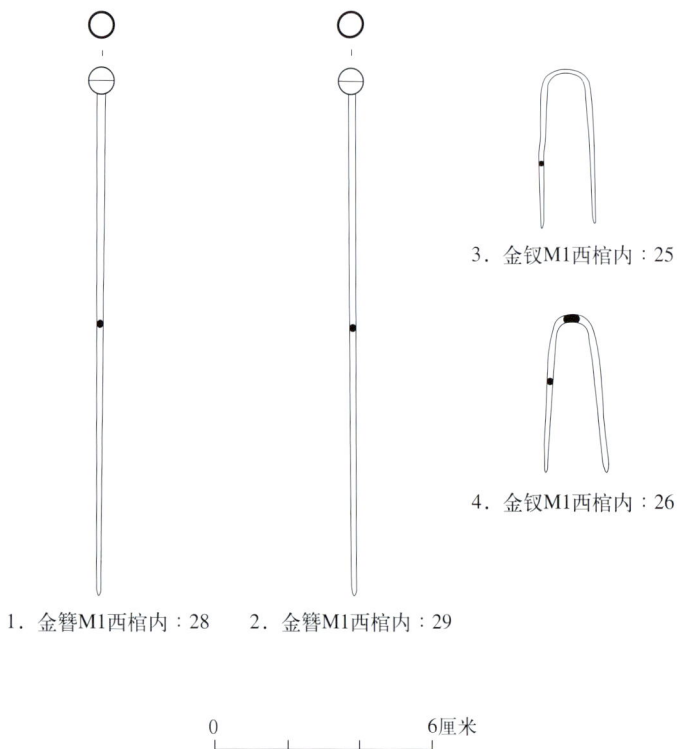

3. 金钗M1西棺内：25

4. 金钗M1西棺内：26

1. 金簪M1西棺内：28　　2. 金簪M1西棺内：29

0　　　　　　6厘米

图二二〇　金簪、金钗

图二二一　金簪M1西棺内：28、29

6. 金钗

2件。弯成U形，截面呈圆形。

M1西棺内：25，长4.2、宽1.6厘米（图二二〇，3、二二二，左）。

M1西棺内：26，长4.2、宽1.8厘米（图二二〇，4、二二二，右）。

7. 银钗

5件。灰白色。弯成U形，截面呈圆形。

M1西棺内：20-1，长4.6、宽1.9厘米（图二二三，1、二二四，左2）。

M1西棺内：20-2，长4.3、宽1.7厘米（图二二三，2、二二四，左3）。

M1西棺内：20-3，长7.0、宽2.2厘米（图二二三，3、二二四，左4）。

M1西棺内：20-4，长4.5、宽1.5厘米（图二二三，4、二二四，左1）。

M1西棺内：27，长5.2、宽1.5厘米（图二二三，5）。

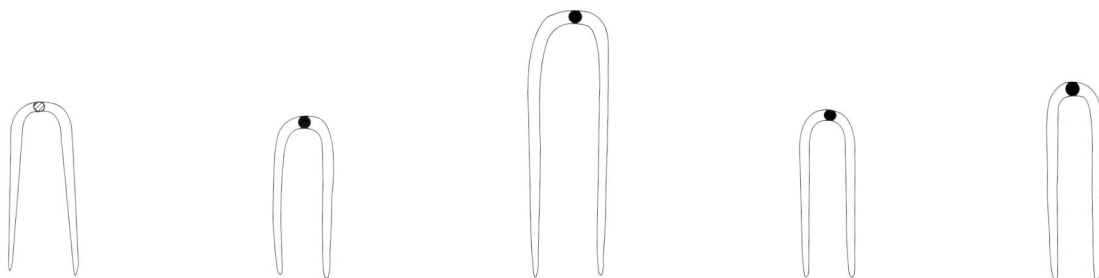

图二二二　金钗M1西棺内：25、26

1．银钗M1西棺内：20-1　　2．银钗M1西棺内：20-2　　3．银钗M1西棺内：20-3　　4．银钗M1西棺内：20-4　　5．银钗M1西棺内：27

0　　　　　6厘米

图二二三　银钗

图二二四　银钗

第二章　一号墓（M1）

8．金铃

4件。器形大小相同。圆球形，顶有一扁圆形纽，底有线形音口，内置铃核，摇动作响。

M1西棺内：40、41、53、54，均直径2.2、通高2.6厘米（图二二五、二二六）。

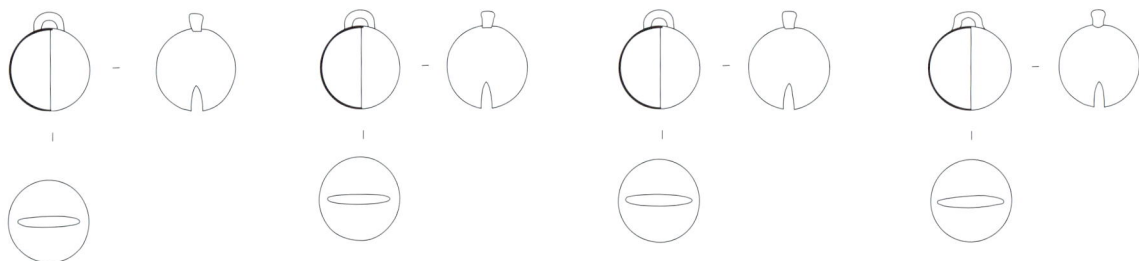

1．金铃M1西棺内：40　　2．金铃M1西棺内：41　　3．金铃M1西棺内：53　　4．金铃M1西棺内：54

0 ⊢─────┤ 6厘米　　　　图二二五　金铃

图二二六　金铃

临沂洗砚池晋墓

9．银铃

17件。M1西：20，较为特殊；其余14件较为简单，形制相同，大小有别，均为圆球形，顶部一环形纽，底有线形音口，内置铃核。直径1.1～3.5厘米。

M1西：20，较为特殊，圆球形，顶有一扁半圆形系纽。中央有一宽弦纹接痕，内有铃核。表面有分布均匀的9个环纽，分别下连一个小银球。铃上饰菱形纹、联珠纹及变形卷云纹，并有镶嵌物，但已脱落。直径3.4、通高4.3厘米（图二二七，1、二二八，左）。

M1西棺内：51，直径3.9、通高4.6厘米（图二二七，2）。

M1西棺内：52，直径2.9、通高3.6厘米（图二二七，3、二二八，右）。

M1西棺内：42，直径1.1、通高1.4厘米（图二二七，4）。

M1西棺内：36，直径2.8、通高3.4厘米（图二二七，5）。

M1西棺内：34，直径1.5、通高1.8厘米（图二二七，6）。

M1西棺内：35，直径2.4、通高3.1厘米（图二二七，7）。

M1西棺内：39，直径1.5、通高1.9厘米（图二二七，8）。

M1西棺内：46，直径1.2、通高1.6厘米（图二二七，9）。

1．银铃M1西：20

4．银铃M1西棺内：42

2．银铃M1西棺内：51

3．银铃M1西棺内：52

8．银铃M1西棺内：39

5．银铃M1西棺内：36

6．银铃M1西棺内：34

7．银铃M1西棺内：35

9．银铃M1西棺内：46

0　　　　　　6厘米

图二二七　银铃

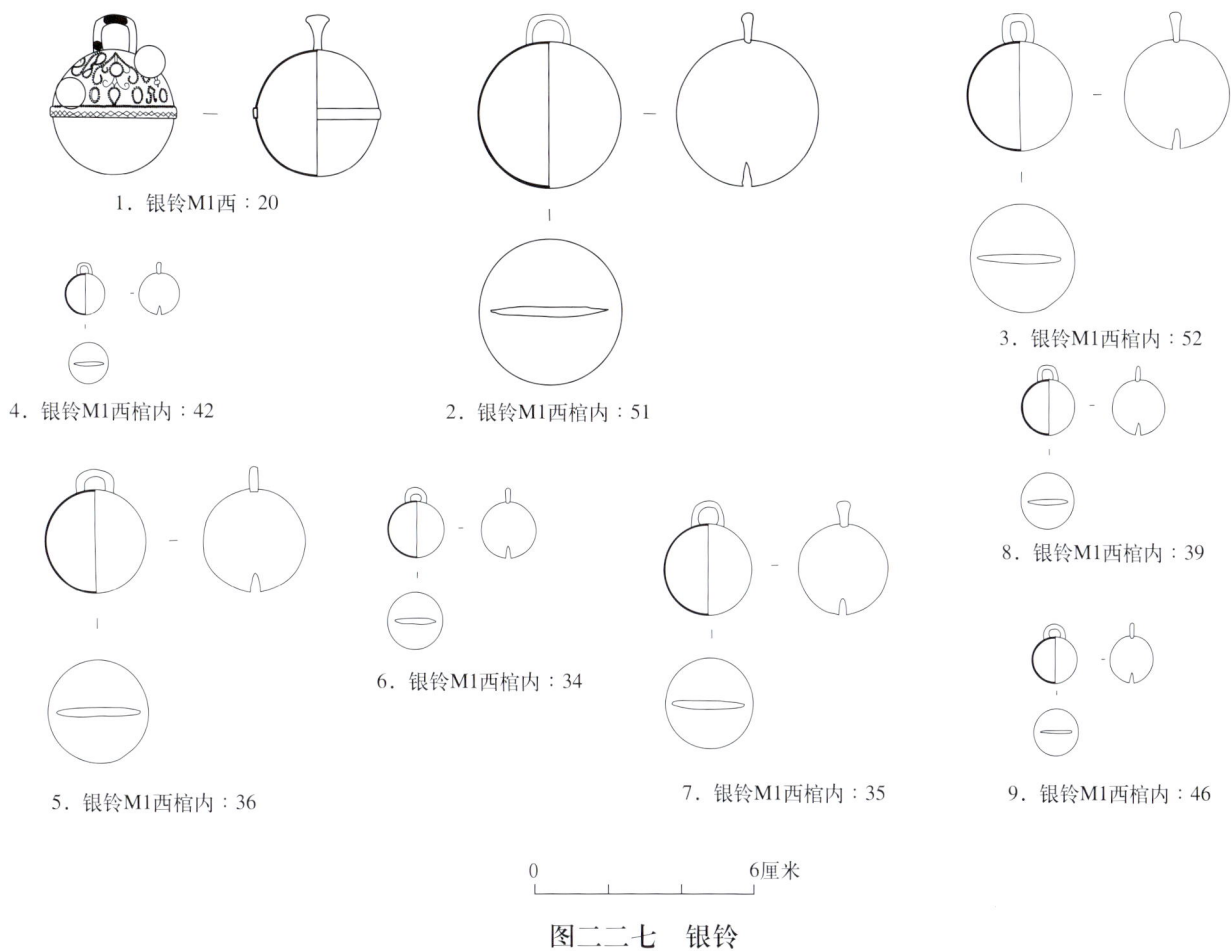

图二二八　银铃

10．金珠

43粒。

M1西棺内：38，圆球状，较小，中间有细孔，两端略磨平。直径0.6厘米（图二二九、二三〇）。

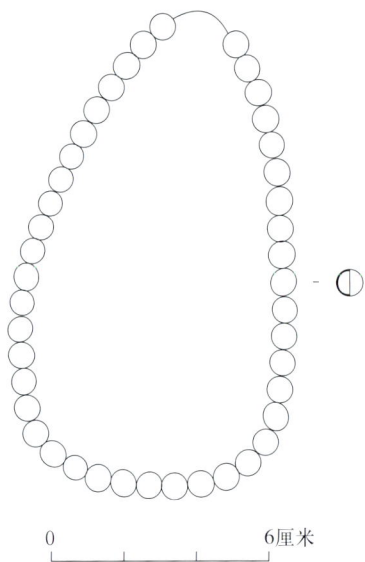

图二二九　金珠M1西棺内：38

图二三〇　金珠M1西棺内：38

（六）玉石器

7件（套）。有玉珠、玉剑璏、石黛板、石棋子、石球等。

1．玉珠

2件。扁球形。器身有6道瓜棱纹，中有穿孔。

M1西棺内：57，灰褐色，径0.8、高0.6厘米（图二三一，1、二三二，左）。

M1西棺内：45，灰白色，径0.6、高0.6厘米（图二三一，2、二三二，右）。

1．玉珠M1西棺内：57　　　2．玉珠M1西棺内：45

图二三一　玉珠

图二三二　玉珠

2．玉剑璏

1件。

M1西：67，有残缺。白玉质，局部泛褐色。璏面刻有兽面纹及变形云纹。长7.1、宽2.7、高1.3厘米（图二三三、二三四）。

图二三四　玉剑璏M1西：67

0　　　　　　　3厘米

图二三三　玉剑璏M1西：67

3．石黛板

2件。黑色石质，长方形，表面光滑。

M1西：86，已断裂，四边缘有包镶铜扣，三边已脱落。长19.7、宽12.7、厚0.6厘米（图二三五，1、二三六，左）。

M1西：89，长12.4、宽8.6、厚0.6厘米（图二三五，2、二三六，右）。

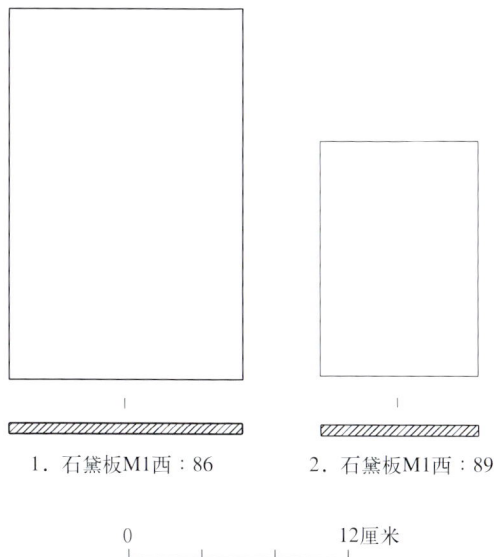

1．石黛板M1西：86　　　2．石黛板M1西：89

0　　　　　　　12厘米

图二三五　石黛板

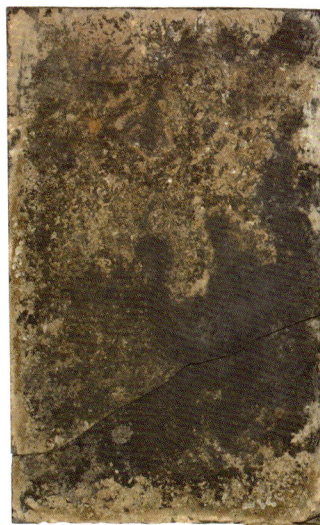

1．石黛板M1西：86　　　　2．石黛板M1西：89

图二三六　石黛板

第二章　一号墓（M1）

4．石棋子

27枚。白色，素面，磨制光滑，呈小鹅卵石状，有圆形或椭圆形。直径1.2～1.8、厚0.5～0.7厘米（图二三七）。

M1西棺内：17-1，椭圆形。长径1.8、短径1.5、厚0.5厘米（图二三八，1）。

M1西棺内：17-2，近圆形。直径1.7、厚0.6厘米（图二三八，2）。

图二三七　石棋子

5．石球

1件。

M1西棺内：14，青灰色，椭圆球形。长径1.8、短径1.4厘米（图二三八，3）。

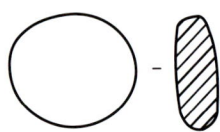

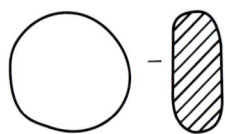

1．石棋子 M1西棺内：17-1　　　2．石棋子 M1西棺内：17-2　　　3．石球 M1西棺内：14

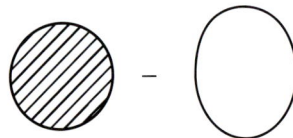

0　　　　　3厘米

图二三八　石棋子、石球

（七）骨角器

8件。有骨尺、骨筒形器、骨镞、角束发器、角管状器、角球形器。

1．骨尺

1件。

M1西棺内：16，正面稍带弧形，背面平整，正面尺上刻度为十寸，以阴刻圆圈为尺星，每一寸度上下刻圆圈，中间刻竖线连接，五寸与六寸之间各刻三个圆圈对称。骨尺刻度精细，准确，为实用骨器。长24.0、宽1.6、厚0.1厘米（图二三九，1、二四○，上）。

2．骨筒形器

1件。

M1西：85，斜直壁，中空呈筒形，平底。口径1.9、底径1.5、高4.6厘米（图二三九，2、二四一）。

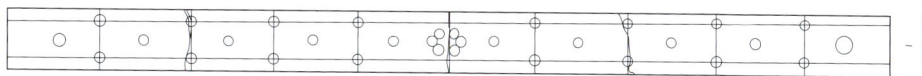

1．骨尺M1西棺内：16

2．骨筒形器M1西：85

3．骨镞M1西：83　　4．骨镞M1西：84　　5．骨镞M1西：90

0 ⊢—————⊣ 6厘米

图二三九　骨器　　　　　　　　　　　　　　图二四一　骨筒形器M1西：85

图二四○　骨尺M1西棺内：16

3．骨镞

3件。磨制光滑。呈圆锥形，短挺呈圆柱形。

M1西：83，尖端尖。长8.4、直径1.0厘米（图二三九，3、二四二，左）。

Ml西：84，尖端平。残长4.1、直径0.8厘米（图二三九，4、二四二，中）。

Ml西：90，尖端尖。长9.2、直径0.9厘米（图二三九，5、二四二，右）。

图二四二　骨镞

4．角束发器

1件。

M1西棺内：19，长条形。长19.4、宽0.5、厚0.1厘米（二四三，1、二四四）。

1．角束发器M1西棺内：19

2．角管状器M1西棺内：70

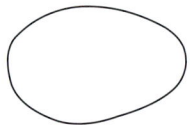

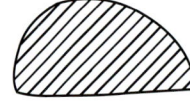

3．角球形器M1西棺内：71

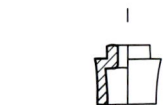

0　　　　　　6厘米
1

0　　　　　3厘米
2、3

图二四三　角器

图二四四　角束发器
M1西棺内：19

5．角管状器

1件。

M1西棺内：70，器形微小，上部较细，下部较粗，中空。顶径0.6、底径0.8、高0.8厘米（图二四三，2）

6．角球形器

1件。

M1西棺内：71，器呈半椭圆球形，长2.5、宽1.6、厚1.3厘米（图二四四，3）。

（八）漆木器

30件。数量较多，但腐朽破碎严重，基本完整者10件，可辨器形有漆奁、盆、碗、盘、单把杯、勺、盒、木梳等。

1．漆碗

2件。

M1西棺内：63，夹纻胎。直口微敞，窄折沿，弧腹较深，矮假圈足，平底。口径8.4、底径5.4、高3.0厘米（图二四五，1、二四六）。

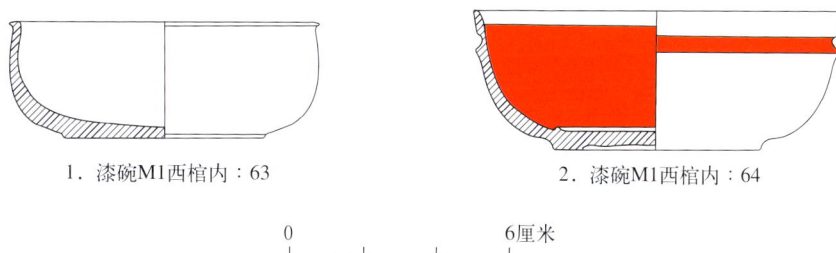

1．漆碗M1西棺内：63　　　　2．漆碗M1西棺内：64

0　　　　　　　6厘米

图二四五　漆碗

图二四六　漆碗M1西棺内：63

M1西棺内：64，残破较甚。敞口，圆唇，口下有一周凹槽，弧腹，矮圈足。器表髹黑漆，凹槽内髹朱漆；内壁口部髹黑漆，余髹朱漆。复原口径10.0、底径5.6、高3.7厘米。底部残存朱书文字"牢"字（图二四五，2）。

2. 漆单把杯

4件。器形相同，均残。木胎。直口，弧腹，矮圈足。在口沿一侧有一扁圆形长柄，已朽残。内底有一圈凸弦纹。器内壁髹红漆，底为黑漆，外髹黑漆。器表有一周红漆带。

M1西：94，外底朱书"大（太）康七年李次作牢"八字。口径10.2、底径6.0、高3.5厘米（图二四七～二四九）。

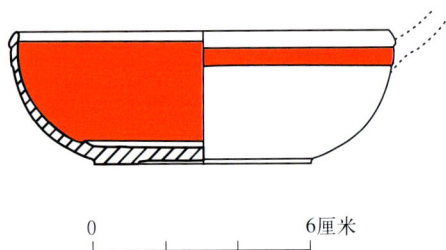

图二四七　漆单把杯M1西：94

图二四八　漆单把杯M1西：94

图二四九　漆单把杯M1西：94

M1西：97，器形亦应为单把杯，其外底朱书"赵生作牢"四字（图二五〇）。

M1西：95，残破变形，外底朱书"大（太）康八年王女作牢"八字。口径9.8、底径5.8、高3.5厘米（图二五一，1、二五二）。

M1西：96，形制与M1西：94相同，底部朱书文字"太康七年李次作牢"八字，口径约9.6、圈足直径6.5、高3.7厘米（图二五一，2）。

图二五〇　漆单把杯M1西：97

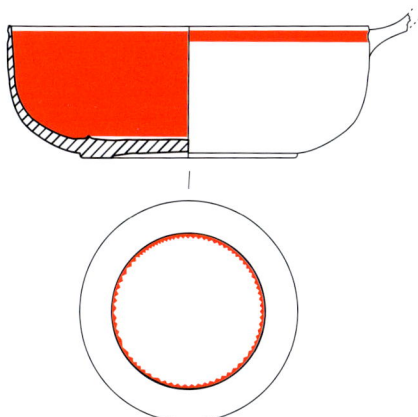

2．漆单把杯M1西：96

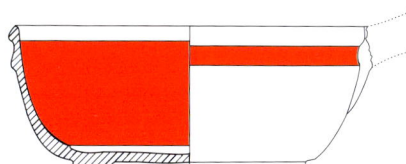

1．漆单把杯M1西：95

0　　　　　　6厘米

图二五一　漆单把杯

图二五二　漆单把杯M1西：95

第二章　一号墓（M1）

3．漆耳杯

2件。

M1西：62，已完全腐朽，仅存痕迹。

4．漆盘

9件。完整者仅1件，其他皆残碎严重。从残片来看，漆盘为竹胎（图二五三）。

M1西棺内：1，敞口，折沿，方唇，浅盘，平底。盘底微凹，周边以朱彩绘制一周宽带纹，内壁、底及器表髹黑漆。口径20.1、底径14.1、高2.4厘米（图二五四、二五五）。

图二五三　漆盘

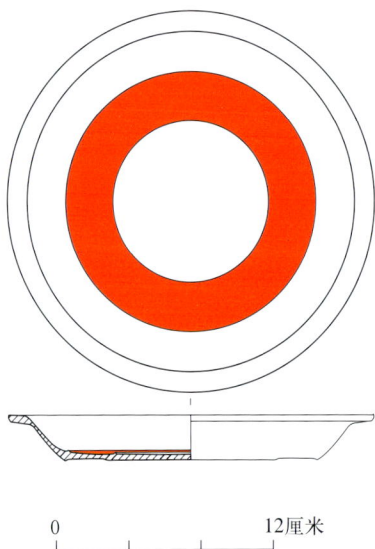

图二五四　漆盘M1西棺内：1

图二五五　漆盘M1西棺内：1

临沂洗砚池晋墓

5．漆勺

2件。均为木胎。

M1西棺内：12，勺头近椭圆形，圆底，柄细长，勺头内髹红漆，底、柄髹黑漆。勺头长6.0、宽4.0、高2.2、柄长8.8厘米（图二五六，1、二五七）。

M1西棺内：23，鸭形。鸭身为勺头，呈椭圆形，圆底。鸭头作柄，嘴扁长，上翘。勺内髹红漆，并用黑漆绘草纹、涡纹及点纹。外髹黑漆，并用朱漆绘波纹、点纹及鸭头的嘴、眼等。通长7.0、宽4.0、高4.0厘米（图二五六，2、二五八）。

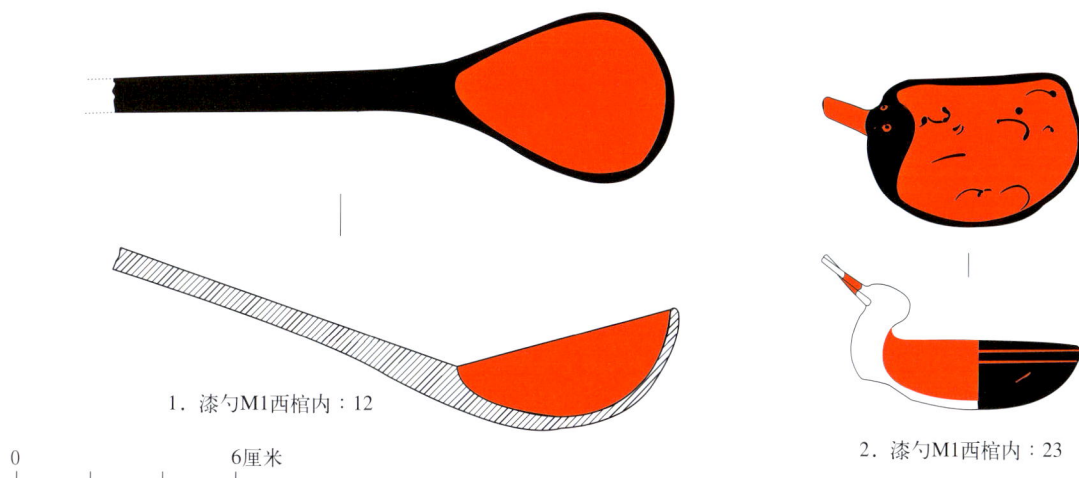

1．漆勺M1西棺内：12

0   6厘米

2．漆勺M1西棺内：23

图二五六　漆勺

图二五七　漆勺M1西棺内：12

图二五八　漆勺M1西棺内：23

6. 漆盆

1件。

M1西：24，西室中部西侧。夹苎胎，直口，窄平沿，圆唇，腹较深，矮圈足。器内壁髹红漆，内底漆皮脱落。腹上部饰三周凹弦纹，均匀分列三个铜质铺首，铺首仅为较薄形状不规整铜片，周边用红漆绘出铺首边缘纹饰和衔环。口径20.2、圈足直径12.6、高6.5厘米（图二五九、二六〇）。

另在漆皮残片置于漆盆内，或为漆盆内底脱落之漆皮。表面髹黑漆，以朱漆绘制重环纹和点状纹。残长9.2、残宽9.9厘米（图二六一）。

图二五九　漆盆M1西：24

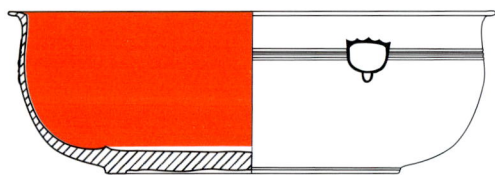

0 —— 9厘米

图二六〇　漆盆M1西：24

图二六一　漆皮

临沂洗砚池晋墓

7. 漆奁

1件。

M1西棺内：62，夹纻胎。器形较大，形如浅盘，腐朽严重，破损变形。直口，折平沿，方唇，盘较浅，平底。通体髹黑漆。盖仅残存漆皮，从残存情况推测，盖应为弧顶，有三周凸棱。盒口径19.3、底径17.8、高2.1厘米。盖残存直径18.4、残高2.2厘米（图二六二、二六三）。

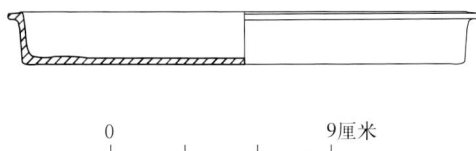

0　　　　　　　　9厘米

图二六二　漆奁M1西棺内：62

图二六三　漆奁M1西棺内：62

8. 圆漆盒

1件。

M1西棺内：68，夹纻胎。形如浅盘。圆形，直壁，平底，通体髹黑漆。口径6.8、底径6.8、高2.0厘米（图二六四，1、二六五）。

9. 椭圆漆盒

1件。

M1西棺内：66，夹苎胎。椭圆形，直壁，平底。器表均髹黑漆。盒现已干涸变形。盒口长径

4.7、短径2.2、底长径4.7、短径2.2、高2.7厘米；盖口长径5.5、短径2.5、底长径5.5、短径2.8、高2.3厘米（图二六四，2、二六六）。

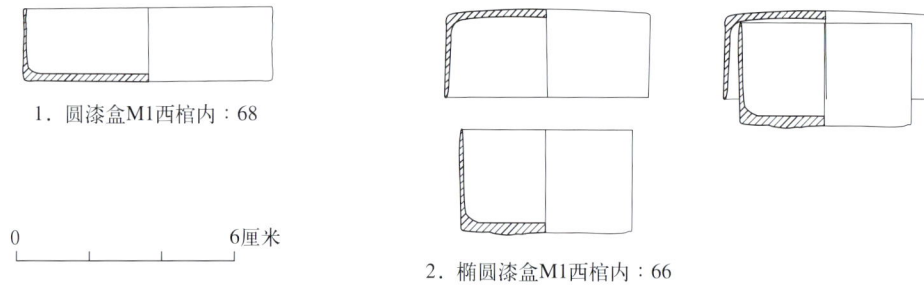

1. 圆漆盒M1西棺内：68

0   6厘米

2. 椭圆漆盒M1西棺内：66

图二六四 漆器

图二六五 圆漆盒M1西棺内：68

图二六六 椭圆漆盒M1西棺内：66

10. 漆格盒

1件。

M1西棺内：65，夹纻胎。子母口，盒圆形，直壁，圆唇，盒较浅，其内分成不均等的三个格，平底。盒内残存朱砂痕迹。高圈足。盒盖为平顶，微鼓。口直径7.0、圈足直径7.7、高3.3、通高4.5厘米（图二六七，1、二六八）。

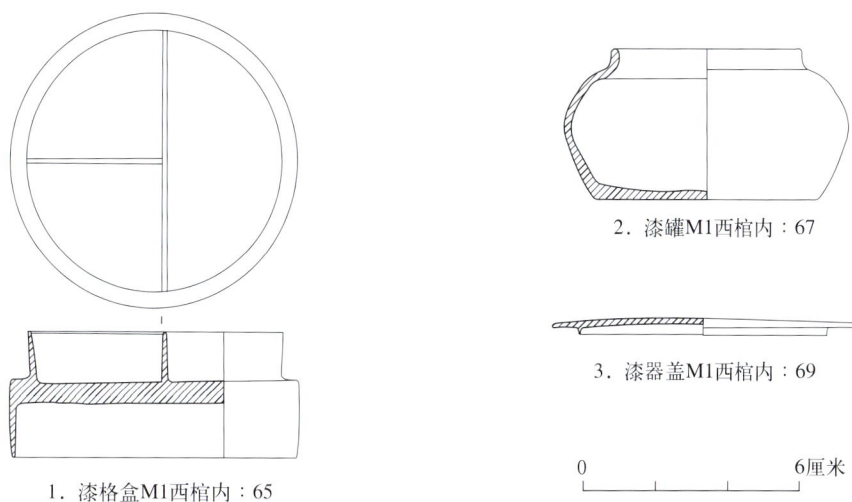

1. 漆格盒M1西棺内：65

2. 漆罐M1西棺内：67

3. 漆器盖M1西棺内：69

0　　　　　　　6厘米

图二六七　漆器

图二六八　漆格盒M1西棺内：65

11．漆罐

1件。

M1西棺内：67，已干涸变形。大口，短直领，扁鼓腹，平底。器表髹黑漆。复原口径5.2、腹径7.8、底径6.1、高4.0厘米（图二六七，2、二六九）。

图二六九　漆罐M1西棺内：67

12．漆器盖

1件。

M1西棺内：69，夹纻胎。圆形，平顶，器表髹黑漆。直径8.3、高0.4厘米（图二六七，3、二七〇）。

图二七〇　漆器盖M1西棺内：69

13．漆皮

还有一件漆器（M1西：73）腐朽严重，仅存漆皮，从残存部分看可能为钵。夹苎胎，器表髹黑漆，口下朱色彩绘一道弦纹，腹部上下各朱彩绘两周弦纹，其间朱色绘制两周圆圈纹饰，矮圈足，底部四字"□□作牢"。残存部分内壁髹朱漆，以黑彩绘制联珠纹、弦纹、鸟纹。外底朱书"□□□牢"四字（图二七一）。

1．漆器M1西：73

2．漆器M1西：73

3．漆器M1西：73

图二七一　漆皮

另外有散落漆皮若干，有两块较为完整。其中一块应为漆器的内底，圆形，直径8.9厘米。周缘朱色彩绘两周弦纹，中央朱色彩绘7个圆点，中间一，周围分列六个，并以此分成六区，每区各以灰褐彩绘制草叶纹（图二七二、二七三）。另一块也是圆形，直径8.5厘米，中间一小木钉，直径0.4、高0.7厘米（图二七四）。

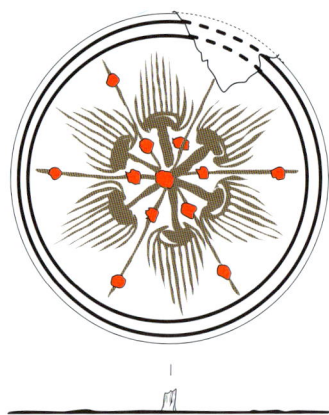

0   6厘米

图二七二　漆皮

图二七三　漆皮

图二七四　漆皮

14．木梳

2件。皆腐朽严重。

M1西：98，出自奁盒内，梳背为半圆形，共33齿，梳齿均残断。残高2.8、宽4.0、背厚0.6厘米（图二七五，1）。

M1西：99，残。残存20齿，梳背半圆形，齿长2.7、通高5.7、梳背厚0.7厘米（图二七五，2、二七六）。

15．木篦

1件。

M1西：79，篦背为半圆形，共41齿，篦齿多残断。残长5.2、宽5.2、背厚1.2厘米（图二七五，3）。

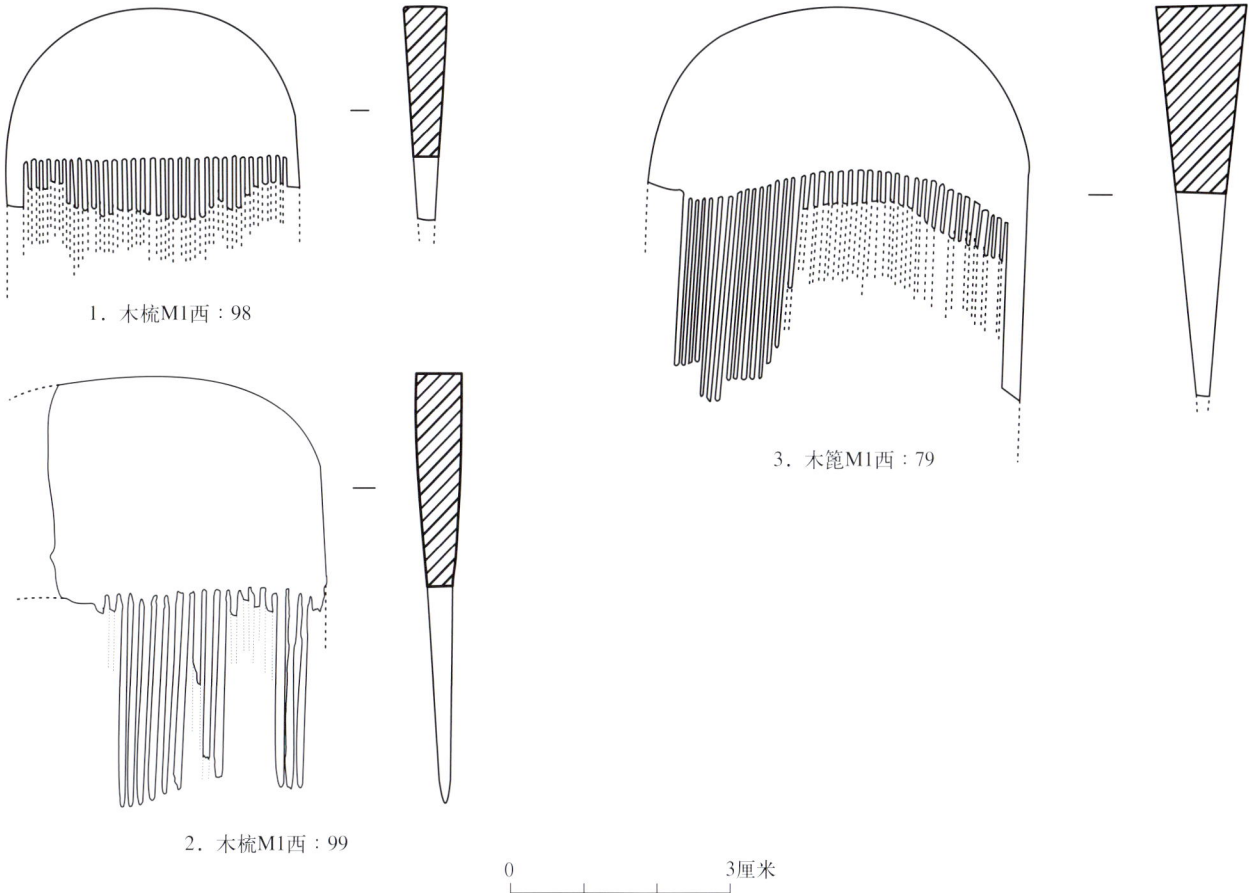

1. 木梳M1西：98

2. 木梳M1西：99

3. 木篦M1西：79

0   3厘米

图二七五　木梳、木篦

图二七六　木梳M1西：99

第二章　一号墓（M1）

（九）其他

8件（套）。有炭精兽、琥珀兽、云母片等。

1．煤精兽

3件，置于铜洗（M1西：19）内。煤精质，黝黑光亮，雕刻精致。四肢曲伏，头高昂前视。

M1西：21-1，形似羊，口部及腹部有穿孔。长3.5、宽2.2、高2.5厘米（图二七七，1、二七八，1）。

M1西：21-2，兽形，头部有穿孔。长3.1、宽2.0、高2.3厘米（图二七七，2、二七八，2）。

M1西：21-3，兽形，头部及腹部有穿孔。长3.1、宽2.1、高2.2厘米（图二七七，3、二七八，3）。

1．煤精兽M1西：21-1

2．煤精兽M1西：21-2

3．煤精兽M1西：21-3

图二七七　煤精兽

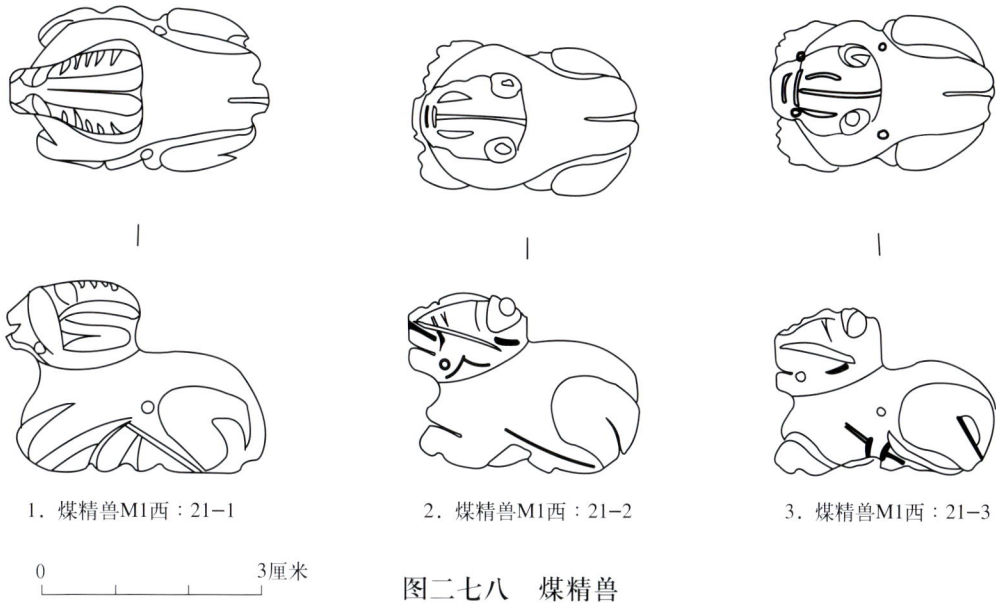

1. 煤精兽M1西：21-1   2. 煤精兽M1西：21-2   3. 煤精兽M1西：21-3

0   3厘米

图二七八 煤精兽

2．琥珀兽

4件。表面暗红色。四肢曲伏，胸前部至尾部有一穿孔。

M1西棺内：72，回首侧视。长1.5、宽1.0、高0.7厘米（图二七九，1、二八〇，1）。

M1西棺内：73，头前视。长1.3、宽1.0、高0.7厘米（图二七九，2、二八〇，2）。

M1西棺内：74，长1.2、宽0.9、高0.5厘米（图二七九，3、二八〇，3）。

M1西棺内：75，长1.2、宽1.1、高0.6厘米（图二七九，4、二八〇，4）。

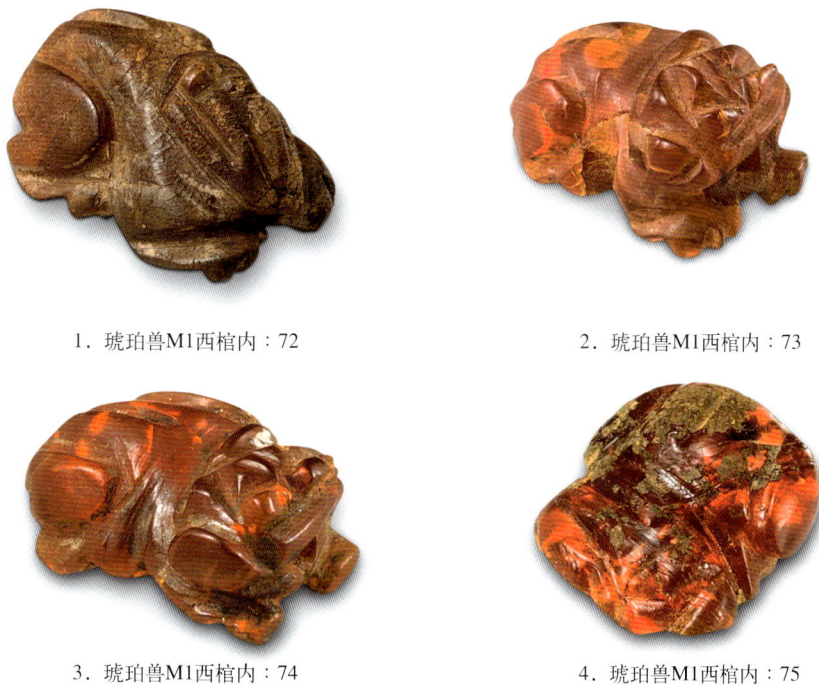

1. 琥珀兽M1西棺内：72   2. 琥珀兽M1西棺内：73

3. 琥珀兽M1西棺内：74   4. 琥珀兽M1西棺内：75

图二七九 琥珀兽

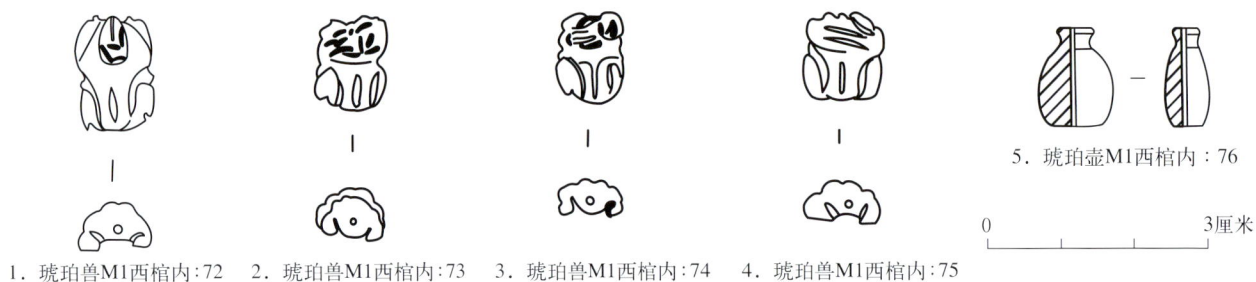

1. 琥珀兽M1西棺内:72　2. 琥珀兽M1西棺内:73　3. 琥珀兽M1西棺内:74　4. 琥珀兽M1西棺内:75

5. 琥珀壶M1西棺内:76

图二八〇　琥珀兽、琥珀壶

3. 琥珀壶

1件。

M1西棺内:76,小口扁腹,口至底孔穿透。口径0.4、高1.3厘米（图二八〇,5）。

4. 云母片

多残碎,极薄,白色透明,完整者多呈叶状,叶尖端有细孔。

M1西:14-1,长3.1、宽1.8厘米（图二八一,1）。

M1西:14-2,长3.9、宽2.1厘米（图二八一,2）。

M1西:14-3,长4.3、宽3.0厘米（图二八一,3、二八二）。

另外,在棺内还发现有纱帽残片以及黑色丸状物,疑为药丸之类物品,已成粉末状。

图二八二　云母片M1西:14-3

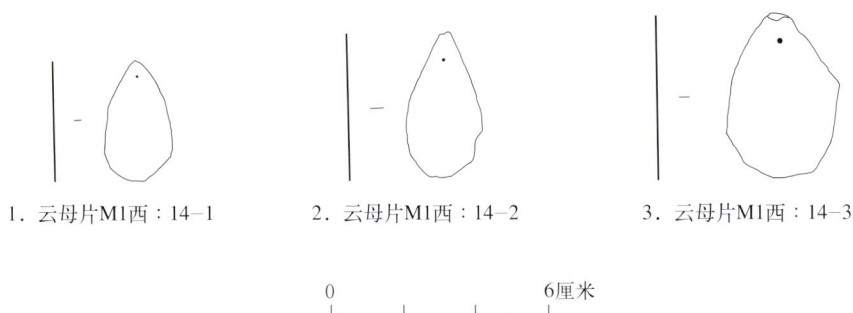

1. 云母片M1西:14-1　　2. 云母片M1西:14-2　　3. 云母片M1西:14-3

图二八一　云母片

临沂洗砚池晋墓

第四节　祭台出土器物

在墓门外封门砖墙最上层的中部，置放有一块长方形立砖，砖西侧放置有瓷四系罐、砚滴、陶羊、铜钱、蚌壳等物，其5件（套）。从这些器物放置位置及立砖情况推断，应属于封墓时举行祭祀活动使用，因此称之为祭台，所放器物即应为祭祀用品。

1. 陶羊

1件。

M1J：3，四肢曲伏。头高仰，嘴部残缺，有一穿孔。器表施浅蓝绿釉。长4.9、宽2.2、高3.6厘米（图二八三，1、二八四）。

2. 青瓷四系罐

1件。

M1J：1，出土时已破碎。直口，平沿，斜肩，鼓腹，下腹斜收，平底内凹。肩部附有四横系，并饰有凹弦纹一周。器表施青绿釉，釉面光亮。口径7.5、底径6.8、高8.2厘米（图二八三，2、二八五）。

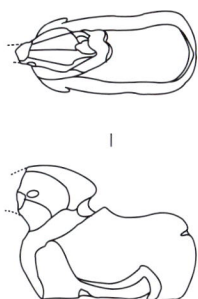

0　　　　　　6厘米

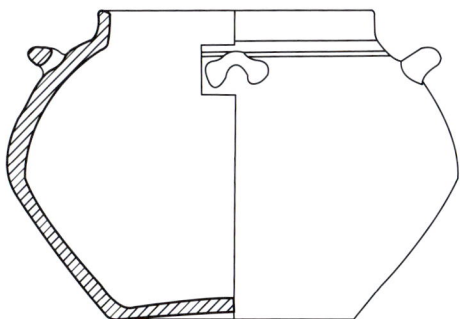

1. 陶羊M1J：3　　　　2. 青瓷四系罐M1J：1　　　　图二八三　陶瓷器

图二八四　陶羊M1J：3

第二章　一号墓（M1）

图二八五　青瓷四系罐M1J：1

3. 酱釉瓷砚滴

1件。

M1J：2，通体作异兽状，足、口有残缺。异兽四肢稍弯曲，头部双角后垂，双耳向后，腹侧羽翼丰满，长尾下垂。腹中空，背负圆筒，并与兽口中央小孔相通。器表施酱釉。长10.4、宽5.6、高5.5厘米（图二八六、二八七）。

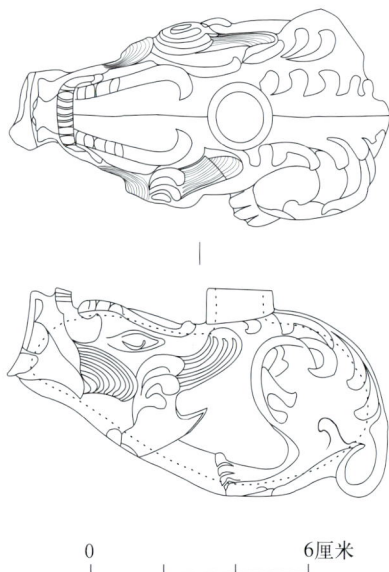

0　　　　　　6厘米

图二八六　酱釉瓷砚滴M1J：2

图二八七　酱釉瓷砚滴M1J：2

4．铜钱

锈蚀严重，难以统计，可辨者20余枚。有货泉、五铢、直百五铢、剪轮钱等。

货泉　直径2.3厘米，正方穿，边长0.7厘米。

五铢　直径2.5厘米，正方穿，边长0.9厘米。

直百五铢　直径2.5厘米，正方穿，边长0.9厘米。

剪轮钱　直径1.9厘米，正方穿，边长0.9厘米。

5．蚌壳

残碎，完整者约20余件。大者长6.0、宽4.8厘米；小者长1.8、宽1.7厘米。另外还有螺壳、多残碎，完整者长1.8、宽1.3厘米。

第三章 二号墓（M2）

第一节 墓葬形制与结构

二号墓（M2）位于M1西35米处。该墓因两次被盗，随葬品所剩无几，但墓葬的形制结构保存完整，规模宏大。从清理的两具成人骨架来看，该墓应为夫妻合葬墓。

墓葬为砖石结构单室券顶墓，由封土、墓道、墓门、甬道和墓室等几部分构成。墓门南向，方向185°。墓室南北通长13.70、东西宽6.70、高4.70米（图二八八）。

图二八八 M2全景

（一）封土

由于墓葬被发现时墓室周边均为施工现场，因此整个墓葬封土情况已无法探测。从墓室上部残存封土厚1～2米，系用五花土夯打而成，夯层较平整，每层厚10～22厘米。接近墓室顶部部分夯打程度较轻，而墓室周围则夯打坚硬，夯层薄且平整。夯层厚6.0～15.0厘米，夯窝圆形平底，直径5.5厘米左右。墓室周围填土也为夯筑而成，系用白石灰和灰褐土隔层夯打，十分坚硬，夯窝5.5厘米。

（二）墓道

在墓室的南部，因南面有现代建筑物，墓道未能全部清理，仅从墓门向南清理3.10米。清理部分墓道上口东西宽5.50、下宽2.20、深4.64米。墓道西壁光滑规整，壁较直；墓道东壁则呈阶梯状内收，共有两级台阶。下层台阶高0.76、台面宽0.24米，台面平整坚硬。上层台阶壁斜直下收，高0.92米。墓道底部平整，其上用白石灰铺面夯打。

在墓道上部，距现地表0.90米处发现一砖铺地遗迹，平面并不规整，略呈铲形，其南端东西宽7、北端东西宽4.40、南北最长7.50米。周边铺砖较为规整，中间部分则是使用碎砖铺地，较为杂乱（图二八九）。在铺砖遗迹下的南部，还发现有3处柱洞，直径20～25厘米。

由于受施工现场的限制，发掘范围有限，该层铺砖的性质不好确认，推测或与封墓过程中祭祀活动有关。

在墓道底部，北距墓门1.66米处，发现一根东西放置的木棍，已朽，但从腐朽的痕迹看，木棍为圆木，长2.30、直径0.12米，其西端伸进墓道西壁内0.10米，在其东端有一圆形柱洞与木棍相连（图二九〇）。

图二八九　M2墓道上部地面

第三章　二号墓（M2）

图二九〇　M2墓门前横木

　　在铺砖遗迹的中部偏西处有一不规则的塌陷圆洞，直径2.90米，发掘证实此为一处盗洞。该盗洞斜伸至墓门前及墓门西侧的砖垛南面进入墓室。另一处盗洞位于墓室的东南角，距墓室东壁1.40米，盗洞圆形，直径约1.50米，斜伸直至墓室东壁，打穿墓壁进入墓室。

　　（三）墓门

　　墓道北端为墓门。墓门前部为封门砖墙，封门砖东西两侧为砖垛，间距2.28米。砖垛均用长方形青砖平砌垒筑，平面呈长方形。其中西侧砖垛东西长1.32、南北宽1.24、高3.28米。砖垛西边紧贴墓壁，系将墓道近墓门处又挖掉以砌筑砖垛。东侧砖垛结构与西侧相同。砖垛的砌筑方式上半部为错缝平砌，下部为二顺一丁砌法。

　　砖垛北部为一道东西向砖墙，也即为甬道的前墙。砖墙用两排长方形砖错缝平砌而成，东西长6.70、高4.10米。用砖均为青砖，砖长49、宽22.5、厚10.5厘米，其中有少量釉面砖。墙的东西两端北侧又各砌筑一象征性砖垛，仅有四层砖，不太规整，平面略呈长方形，东西长1.09、南北宽0.78、高0.42米。砖垛南边直接压在砖墙之上，大部分下面则为填土。

　　砖垛之间为封门砖墙，砖墙共40层，高3.62米。墙的下部系用楔形砖平铺，共6层，其铺法为第一层砖宽端均向西，其上交换平铺。在墙的上半部又有5层楔形砖平铺，余为长方形砖。封门墙上部紧贴甬道前墙，而下部则向外凸出，与甬道前墙形成20～35厘米的空间（图二九一、二九二）。

　　墓门由横梁、门立柱、门扉、门槛石构成。横梁为一整块长条石，室内部分东西长3.20、宽

图二九一　M2封门砖

图二九二　M2墓门东侧砖垛

0.36、高0.44米。墓门通宽1.58米，门扉两扇，各为一整块长方形石板。其中西侧门扉被盗墓者打碎，仅残存下部高0.50、宽0.78米；东侧门扉宽0.78、高1.61、厚0.15米。从被盗墓打碎的西门门扉残块看，西侧门扉上原有雕凿出的门鼻。门轴圆形，直径8厘米；门臼圆形，深5、直径10厘米。门扉两侧为立柱，同样各为一整块。立柱凿成拐尺状，以嵌入门扉。石柱东、西侧各为一掖门，门高1.45、宽0.40、进深0.35米，其中东掖门用9层长方形砖平砌封堵，下7层为立砖，上2层为平砖。

门槛石也是一整块长条石，长3.20、宽0.38、厚0.41米（图二九三、二九四）。

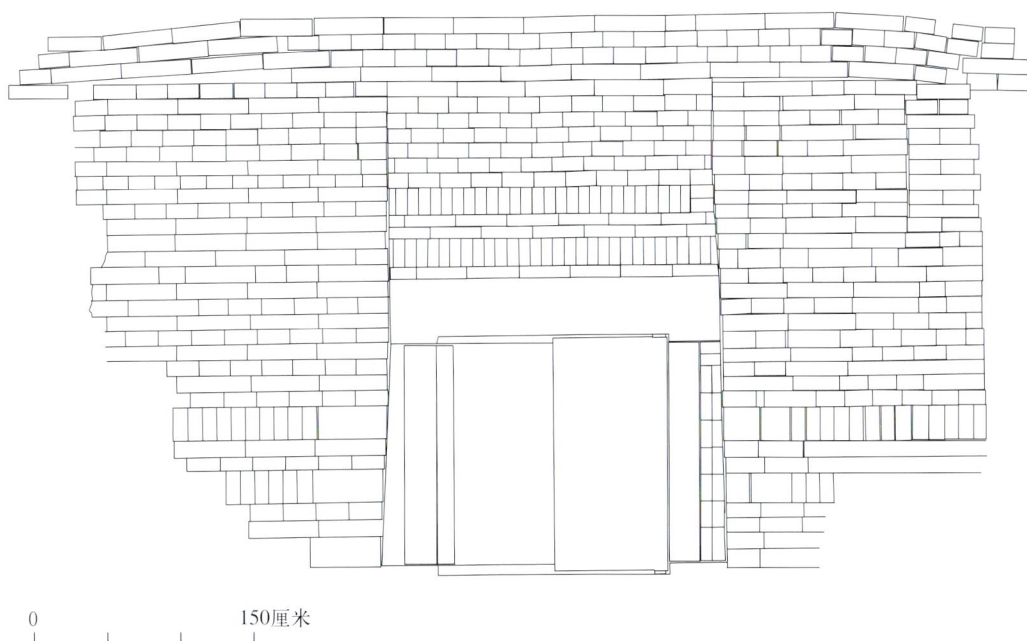

0　　　　　　　　150厘米

图二九三　M2墓门正视图

图二九四　M2墓门

（四）甬道

墓门与后室之间为甬道。甬道略呈方形，南北长3.00、室内宽2.91、墙壁高1.48米，室内顶高2.55米。东西两壁用长方形砖以二顺一丁三组垒砌后再用二层平砖开始起券，墙厚0.92米。每块砖长46、宽22、厚10厘米。甬道顶部以楔形砖起券，为两层，厚0.92米。每块砖长46、宽端长21、窄端长19、厚10厘米。甬道底部铺砖，中央隆起呈龟背状，高出周边平面12厘米，铺地砖有两层，上层铺成"人"字形，下层为东西向错缝平铺。铺地砖的北部即近墓室之门处，面积约南北1.30、东西1.50米的范围内，铺地砖较为随便，其范围刚好可开启石门。铺地砖上涂一层薄白石灰，铺地砖下铺设厚1厘米的白石灰层。

甬道的四壁及券顶先用白石灰涂抹，后抹一层厚约0.4厘米的红褐色草拌泥墙皮，但多已脱落。

甬道内残存随葬品仅有一件釉陶灯，放于甬道内东南部。

甬道后端即为墓室前墙。

（五）墓室

甬道北侧为墓室，墓室与甬道之间砌筑砖墙一道，砖墙上窄下宽，向上呈叠涩状内收。墙体顶部东西长3.68、底部东西长5.90、高4.21、墙体上面5层砖墙厚0.92米，下部宽度1.04米。砖墙用砖皆为长方形，上部用12层砖错缝平铺，下部为二顺一丁砌筑方式垒砌（图二九五，1、2）。

砖墙下部正中即为墓室之门，墓门由门楣、立柱、门扉、门槛石构成。门楣用一块青石制成，长3.18、高0.48、厚0.50米。其下有方形石立柱，立柱外宽0.33、内宽0.48、厚0.49米。门扉为青石凿制，双扇石门高1.62、宽1.75、厚0.14米。门轴圆形，径8.0、长4.0厘米。西扇门上雕凿有门鼻，长38.0、宽16.0、凸出石门7.0、门鼻孔径3.0厘米（图二九五，3）。石柱东西两侧各有一掖门，门宽0.26、高1.50、进深0.49米，各用18层长方形砖平铺封堵。东侧掖门封砖已被盗墓者破坏。门槛石

1. M2前后室连接结构

2. M2结构

3. M2主室墓门

图二九五　M2墓室结构

亦用一块大石条做成，长3.18、宽0.50、厚0.41米。门槛高6.0、宽38厘米。紧贴该墓门内侧又有一道门，与该门成为一体，门框高1.44、宽1.39、门楣长4.40、高0.48、宽0.49米。门两侧有石柱，西侧柱宽0.43、东侧宽0.46米，石柱外侧又各有一掖门，东侧掖门宽0.59、西侧掖门宽0.50米。掖门外侧各有一立柱，西侧柱宽0.40、东侧柱宽0.38、均厚0.50米。

墓室内南北长6.80、东西宽4.20、高3.20米。东西两壁墙体高1.50、厚0.94米，系用长方形砖以二顺一丁方式砌筑。顶部以两层楔形砖起券，厚0.96米。墓室底部中部呈龟背状隆起，中央部分较平整，高出周边0.30米。铺地砖为二层，均用长方形砖铺成"人"字形，表层铺地砖面涂有一薄层白石灰。其中下层铺地砖向北突出墓室范围27厘米，俯视呈锯齿状。铺地砖下用白石灰和灰褐色土隔层夯打。墓室四壁及顶部均涂一层石灰浆，然后再抹一层厚约0.4厘米的红褐色草拌泥墙皮，但多已脱落。

墓室后墙也用长方形砖砌筑，整体长出墓室宽度，顶部东西长2.83、底部长6.10米，墙厚0.94米。其上部分八层砖平砌，墙壁砌筑整齐，下部主体砌筑方式为二顺一丁砌筑方式，其中顺砌平砖墙体厚度与上部一致，纵砌丁砖均向外突出6～9厘米（图二九六～二九八）。从墓室内看，墙壁十分整齐。

整座墓葬用砖均为青灰色，分楔形砖、长方形砖两大类。楔形砖主要用于起券封顶，有46×（25.5～30）×10.5、46×（19～21）×10、38×（20.4～28）×12厘米三种规格。长方形砖主要用于砌

第三章　二号墓（M2）

临
沂
洗
砚
池
晋
墓

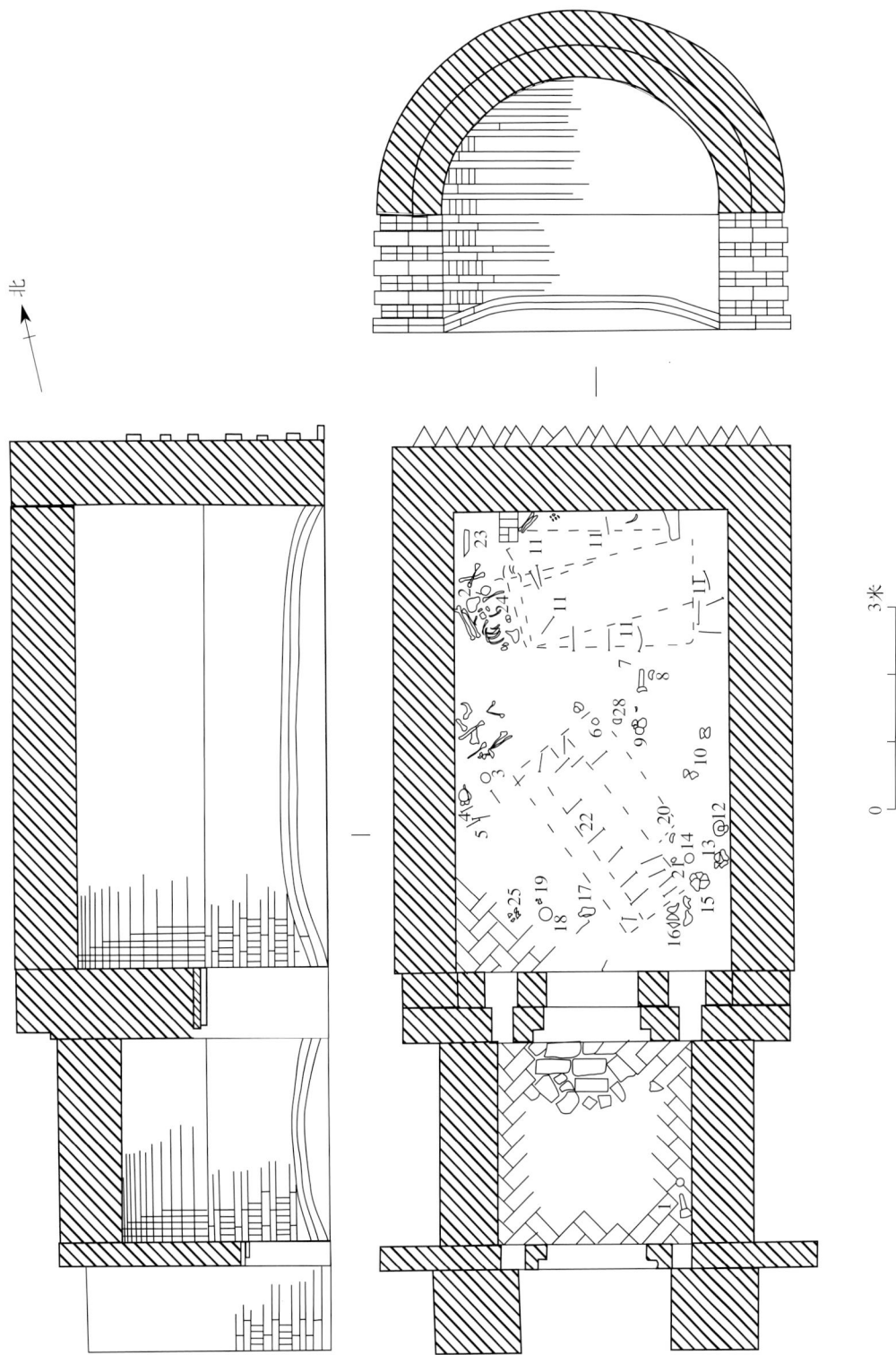

图二九六　M2平、剖面及出土器物分布图

0　　　　　　3米

1、7. 陶灯　2. 金叶　3、14、18. 铁镜　4、5. 青瓷钵　8、20. 云母片　9. 铜熨斗　10. 青瓷四系罐　11、22. 铁棺钉　12. 青瓷灯　15. 铁鼎　16. 青瓷盘口壶　17. 铜虎子　19. 金钉　21. 铜铃　23. 铜削　24. 玛瑙剑格　25. 铜削　26. 水晶片　27. 珍珠　28. 玛瑙珠　29. 金饰（26～29淘洗时发现，未在图中标出）

图二九七　M2墓室后墙结构

图二九八　M2墓室内后壁

筑墓壁、封门墙、门垛、铺地砖等，有49×22.5×10.5、49×22×10、46×22×10、46.5×21×10、34×17×6厘米五种规格。

（六）葬具与葬式

墓室内发现两具木棺，均已腐朽成灰，但棺上的髹漆保存尚好。根据漆皮和板灰痕迹，可辨棺的大小和形状，而且还有排列整齐的棺钉。棺盖与棺体已分离，由于墓室内曾因积水的原因，使棺上漆皮漂散墓室各处。

棺已非原位，一具位于墓室南部，呈东南—西北向。根据残存漆皮和板灰痕迹测量，棺长约3.00、宽约1.10米。另一具在墓室的北半部，东西放置，根据残存漆皮和板灰痕迹测量，棺长2.80、宽1.00米，棺板厚约12厘米。漆皮厚约0.2～0.3厘米。两棺髹漆均为黑色，上均有麻布，麻布纹理均匀，经纬每厘米12根。棺钉铁质，长约40厘米。

在墓室内北部东侧有一长方形石块，南北放置，北抵墓室北墙，东距墓室东壁0.70米。石块长0.45、宽0.25、厚0.26米。其西侧用几块残砖砌一砖台，南北长0.46、宽0.26、高0.25米。砖台北抵墓室北墙，西距墓室西壁0.70米，或为固定木棺之用。

墓室内发现骨架两具，人骨保存较好，但均已移位，南侧人头骨及肢骨已漂移至墓室两壁的中间，其余骨骼零散分布于墓室中、东部。北半部西壁处一人骨架，头骨保存完整，脊椎骨与头骨仍相连，肋骨、上肢骨、椎骨、盆骨也相对比较集中，有些下肢骨已移至北墙根处（图二九九）。

1．M2墓室内人骨和木棺漆皮

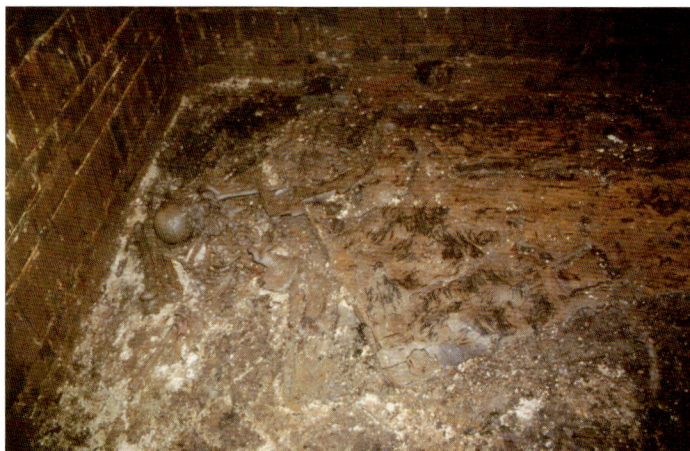

2．M2墓室内人骨和木棺漆皮

3．M2墓室内人骨散落情况

4．M2墓室内铜虎子出土情况

图二九九　M2墓室内人骨等发现情况

第二节　随葬品

　　由于该墓室内曾被盗掘，致使墓内随葬品所剩无几，残存遗物且散乱放置。墓室南侧残存有铁镜、铜虎子、金钉、瓷罐、铁鼎、瓷灯等遗物。中部有瓷钵、云母片、铜熨斗（残）、陶灯、铁镜等（图三〇〇、三〇一）。

　　墓内出土陶器、瓷器、铜器、铁器、金银器等器物，共计30件（套）。

1．M2墓室内瓷钵出土情况

2．M2墓室内瓷灯出土情况

图三〇〇　M2随葬品出土情况

图三○一　M2墓室内清理情况

（一）陶器

仅残存陶灯2件。

陶灯

2件，均为夹砂灰白陶。

M2：1，灯盘呈碗状，平沿，方唇，腹壁斜直，腹部饰数周弦纹。实心粗高柄，底座呈覆钵状，敞口，口部外壁饰瓦纹。口径11.8、底径17.6、高33.6厘米（图三○二，1、三○三）。

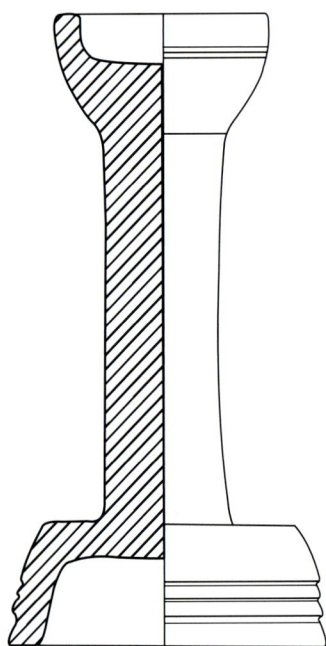

1. 陶灯M2：1

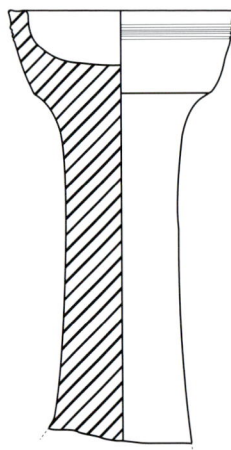

2. 陶灯M2：7

0　　　　　12厘米

图三○二　陶灯

M2：7，仅残存上部。与M2：1略同，灯盘呈碗状，平沿，方唇，口部外壁内凹，腹壁斜直，器表饰数周凹弦纹。实心粗高柄。口径12.0、残高23.0厘米（图三〇二，2、三〇四）。

图三〇三　陶灯M2：1

图三〇四　陶灯M2：7

（二）瓷器

5件。有青瓷钵、盘口壶、四系罐、灯。出土时皆破碎。

1. 青瓷钵

2件。

M2：6，直口，圆唇，口外壁内凹，弧腹，平底略内凹。器表施微泛黄青釉。口径11.6、底径5.5、高3.7厘米（图三〇五、三〇六）。

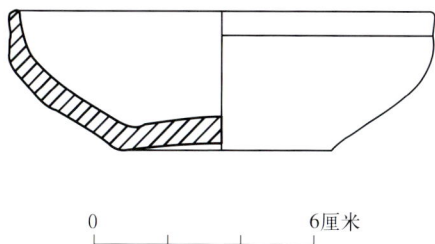

0　　　　　　6厘米

图三〇五　青瓷钵M2：6

图三〇六　青瓷钵M2：6

M2：13，直口，圆唇，口部外壁有一周深凹槽，其下又饰凹弦纹一周。弧腹，腹上部饰网格纹带，底内凹较甚。器表施青灰色釉。口径14.7、底径7.5、高5.5厘米（图三〇七、三〇八）。

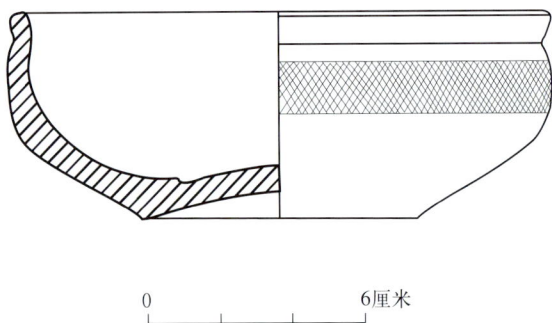

0 _____ 6厘米

图三〇七　青瓷钵M2：13

图三〇八　青瓷钵M2：13

2. 青瓷盘口壶

1件。

M2：16，盘口，口沿外饰两周凹弦纹，长束颈，圆腹，平底内凹。肩附两竖系，系面上刻蕉叶纹样，两侧贴有对称铺首。肩饰芝麻花联珠纹及菱形纹带。器表施青釉并有黄白色釉滴，釉不及底。口径9.7、底径8.7、高17.0厘米（图三〇九，1、三一〇）。

3. 青瓷四系罐

1件。

M2：10，口微侈，圆唇，口沿外饰一周凹弦纹，圆肩，鼓腹，平底内凹。肩附对称四横系，并饰有凸弦纹及网格纹带。器表施青灰釉，釉面光亮，釉不及底。口径10.5、底径7.0、高12.4厘米（图三〇九，2、三一一）。

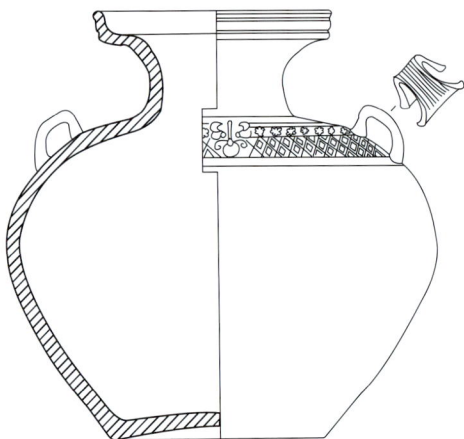

0 _____ 9厘米

1. 青瓷盘口壶M2：16

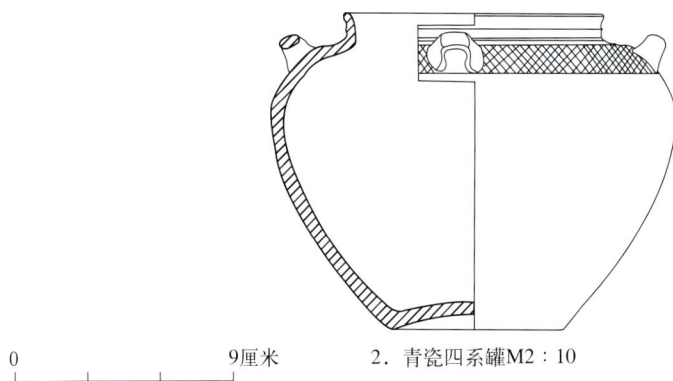

2. 青瓷四系罐M2：10

图三〇九　青瓷器

图三一〇　青瓷盘口壶M2：16

图三一一　青瓷四系罐M2：10

4．青瓷灯

1件。

M2：12，上部呈碗状，敞口，圆唇，口部外壁有两周凹槽，弧腹。承柱圆柱形，中空，上端略细，下端略粗，中下部一侧接一龙首柄，柄向上弧曲，与龙首柄相对的空心柱对称的另一侧贴一兽形饰。承盘敞口，子母口状，斜腹，平底。通体施黄釉。上口径9.7、底口径13.2、底径9.0、通高14.5厘米（图三一二、三一三）。

图三一二　青瓷灯M2：12

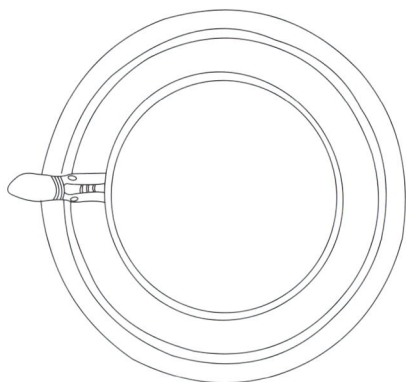

图三一三　青瓷灯M2：12

0　　　　　　9厘米

（三）铜器

残存7件。器形有铜熨斗、铜虎子、铜削、铜簪、铜铃等。

1．铜熨斗

1件。

M2：9，残碎，仅存部分口沿及器底。口径17.6、底径14.0、高4.2厘米（图三一四，1、三一五）。

2．铜虎子

1件。

M2：17，圆口微上翘，扁平提梁，通体圆弧，前窄后宽，矮假圈足，平底。素面。长19.8、宽12.0、高13.9厘米（图三一四，2、三一六）。

1. 铜熨斗·M2：9

0   12厘米

图三一四　铜器

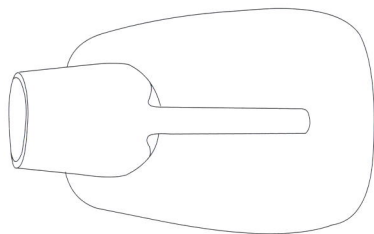

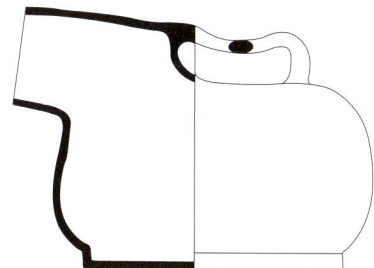

2. 铜虎子·M2：17

图三一五　铜熨斗M2：9

图三一六　铜虎子M2：17

3．铜削

1件。

M2：23，削柄残缺，仅存刀体，扁长条形。残长8.5、宽1.6厘米（图三一七，1）。

4．铜簪

2件。形制相同。长条形，一端稍粗，头扁平。

M2：4，长19.3厘米（图三一七，2、三一八，左）。

M2：5，长19.2厘米（图三一七，3、三一八，右）。

5．铜顶针

1件。

M2：01，出土于盗洞内。残缺。扁圆环形，外壁饰密集的戳点纹。直径1.3厘米。

6．铜铃

1件。

M2：21，铃身如铜钟状，素面。平面近梯形，截面呈扁椭圆形，平顶上有一半圆形纽，并穿有一圆环，下口内凹，中空，内有一铁铃舌。铃口径2.4、高3.4厘米（图三一七，4、三一九）。

1．铜削M2：23

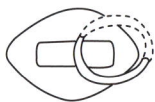

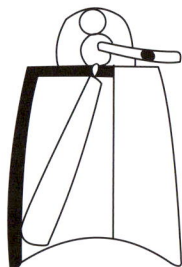

4．铜铃M2：21

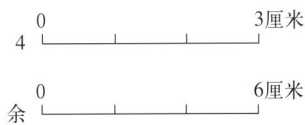

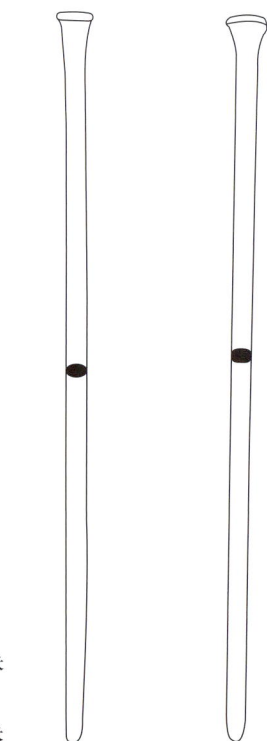

2．铜簪M2：4　　3．铜簪M2：5

图三一七　铜器

图三一八　铜簪

图三一九　铜铃M2：21

（四）铁器

有铁鼎、铁镜、铁棺钉等。

1. 铁鼎

1件。

M2：15，锈蚀严重，残碎。口径约35.0厘米。

2. 铁镜

3件。均圆形，圆纽，锈蚀严重，仅可看出轮廓。

M2：3，直径12.8厘米（图三二〇，1）。

M2：18，直径14.4厘米（图三二〇，2）。

M2：14，直径12.5厘米。

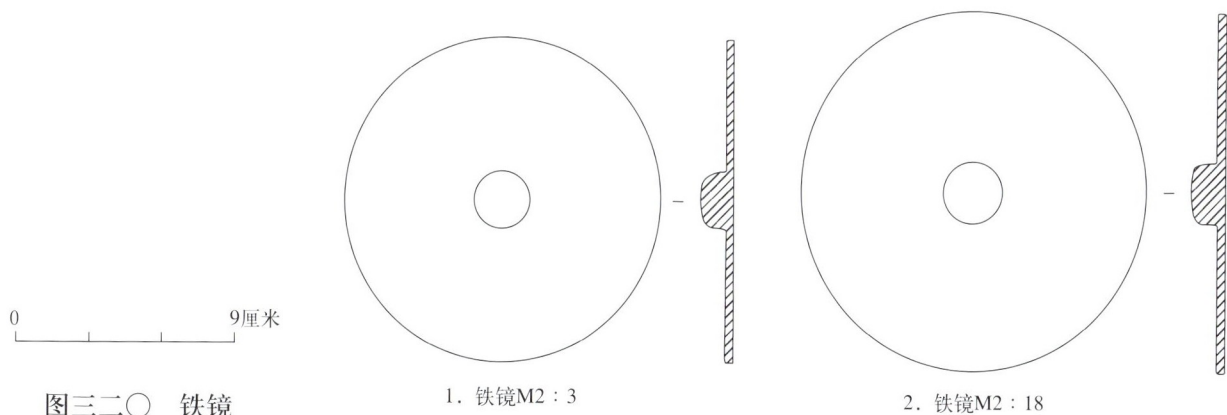

0　　　　　　　9厘米

图三二〇　铁镜

1. 铁镜M2：3　　　　　2. 铁镜M2：18

3．铁棺钉

数量较多，有大小两种。大钉为棺钉，约50余枚。钉帽圆形，钉身尖柱形，长26.0～38.0厘米。小钉约70枚。钉帽圆形，钉身尖柱形，长2.0～2.7厘米。

M2：22，长21.8厘米（图三二一，1）。

M2：11，长4.2厘米（图三二一，2）。

另外，在墓道上面的砖铺遗迹中，出土一件铁器残迹，因锈蚀残碎，无法复原辨认器形。

（五）金银器

有金叶、金饰件、金钉等。

1．金叶

8件。完整者5件。

M2：2-1～5，形制相同，桃形，极薄，素面，顶端皆有一小穿孔。长1.2～1.5、宽1.0～1.3厘米（图三二二、三二三）。

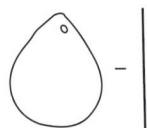

2．铁棺钉M2：11

1．铁棺钉M2：22

图三二一　铁棺钉

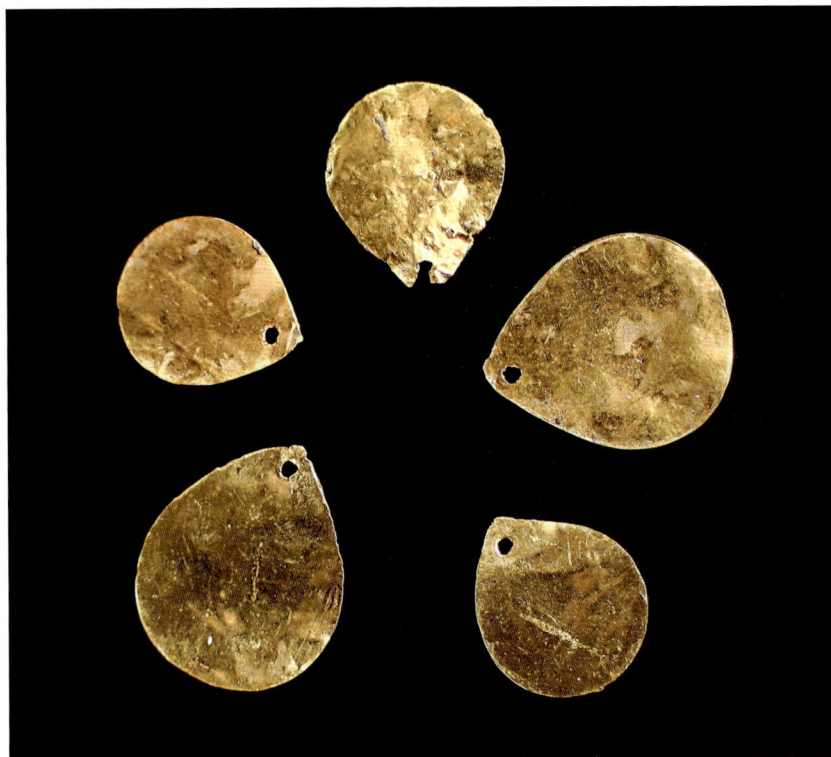

图三二二　金叶M2：2-1

图三二三　金叶M2：2

2．金饰

8件。均为残片，淘洗发现，其中1件保存较好，近桃形，极薄，似孔雀开屏状，直径1.6厘米。其余皆为细小残件，上满饰细小金粟粒（图三二四）。

图三二四　金饰

3．金钉

24枚，其中完整者17枚，钉帽圆形，方尖柱形钉身。M2：19，长2.0～2.8厘米（图三二五～三二七）。

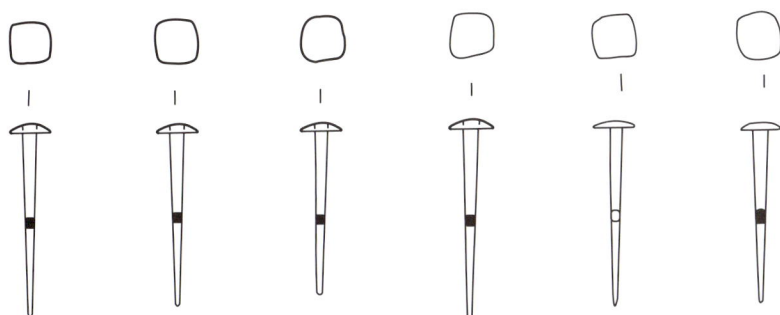

0　　　　　　6厘米

图三二五　金钉M2：19-1～6

图三二六　金钉

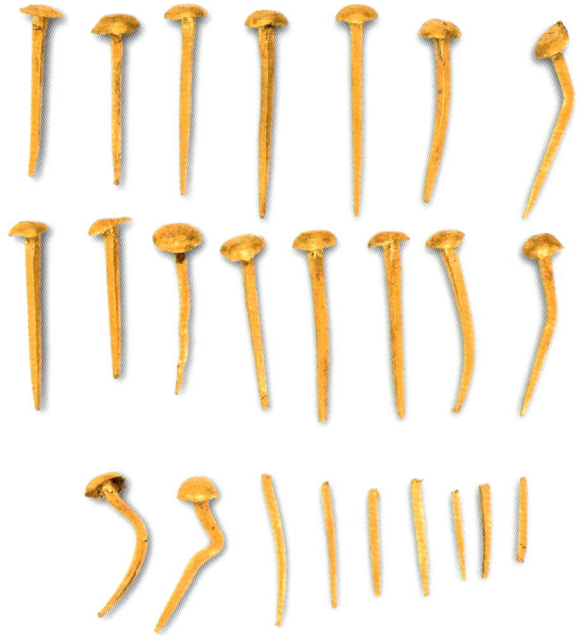

图三二七　金钉

（六）骨角器

仅有骨饰1件。

骨饰

1件。

M2：25，骨料。圆筒状，雕刻一龙首，头部有一穿孔。长2.4、直径1.0厘米（图三二八、三二九）。

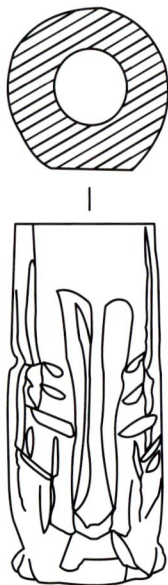

0 ____ 1厘米

图三二八　骨饰M2：25

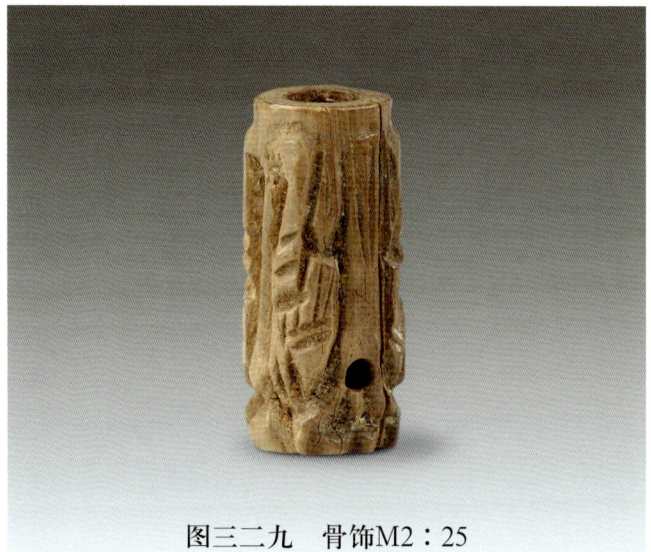

图三二九　骨饰M2：25

临沂洗砚池晋墓

（七）其他

有玛瑙剑格、玛瑙珠、珍珠、水晶片、云母片等。

1．玛瑙珠

3件。

M2：28，红色，球形，表面光滑，中有小穿孔，两端稍磨平。直径1.3厘米（图三三〇，1～3、三三一）。

2．玛瑙剑格

1件。

M2：24，出土时残缺。棕褐色，有带状纹。长4.2、宽1.7厘米（图三三〇，4、三三二）。

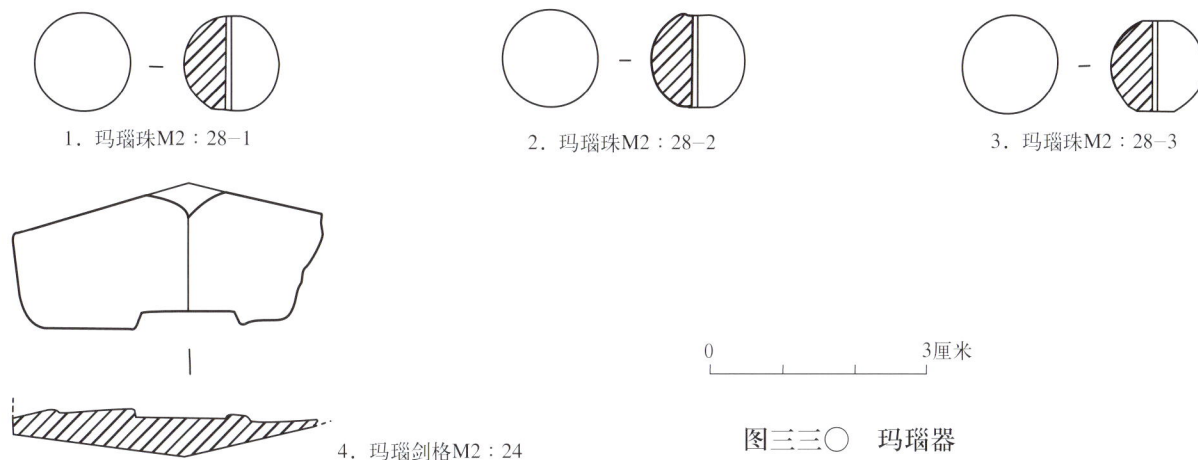

1．玛瑙珠M2：28-1

2．玛瑙珠M2：28-2

3．玛瑙珠M2：28-3

0   3厘米

4．玛瑙剑格M2：24

图三三〇 玛瑙器

图三三一 玛瑙珠M2：28

图三三二 玛瑙剑格M2：24

3．珍珠

白色，极小，约百余粒。

M2：27，中有穿孔，因风化不规整，易碎。直径0.15～0.3厘米（图三三三）。

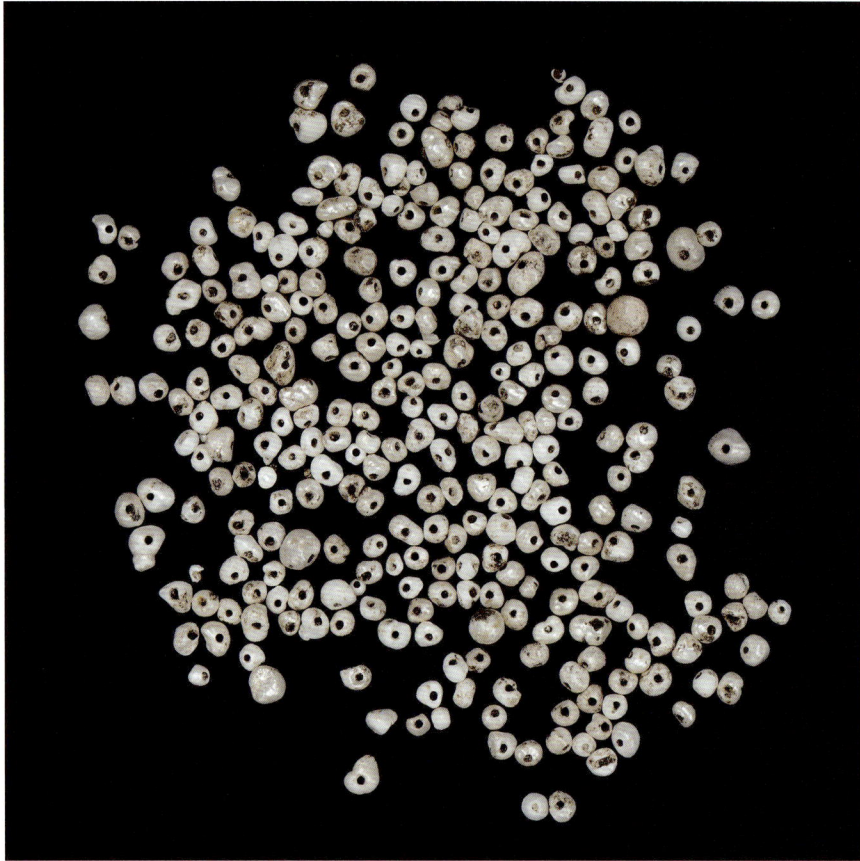

图三三三　珍珠

4．水晶片

5片。白色透明，大小有别。呈圆或椭圆饼状，一面平，一面微弧（图三三四、三三五）。

M2：26-1，直径1.3、厚0.3厘米。

M2：26-2，直径1.1、厚0.2厘米。

M2：26-3，直径1.1、厚0.15厘米。

M2：26-4，直径1.1、厚0.2厘米。

M2：26-5，直径1.1、厚0.2厘米。

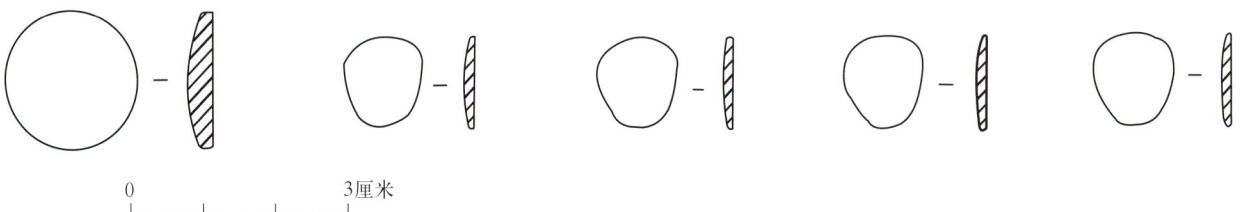

0　　　　　3厘米

图三三四　水晶片M2：26-1～5

图三三五　水晶片

5.云母片

完整及基本完整者2件，其余均为碎片。极薄，白色透明。

M2：20，扇形。四周有极细小孔和一道极浅的划线。长7.0、宽2.9厘米（图三三六，1、三三七）。

M2：8，扇形，略残。四周有极细小孔和一道极浅的划线。残长6.7、宽2.8厘米（图三三六，2）。

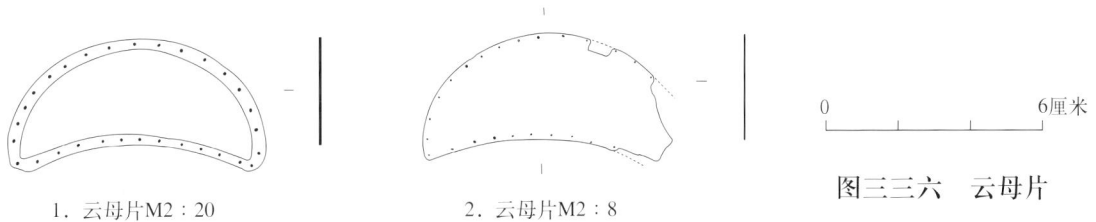

1. 云母片M2：20　　　　2. 云母片M2：8　　　　图三三六　云母片

0　　　　　6厘米

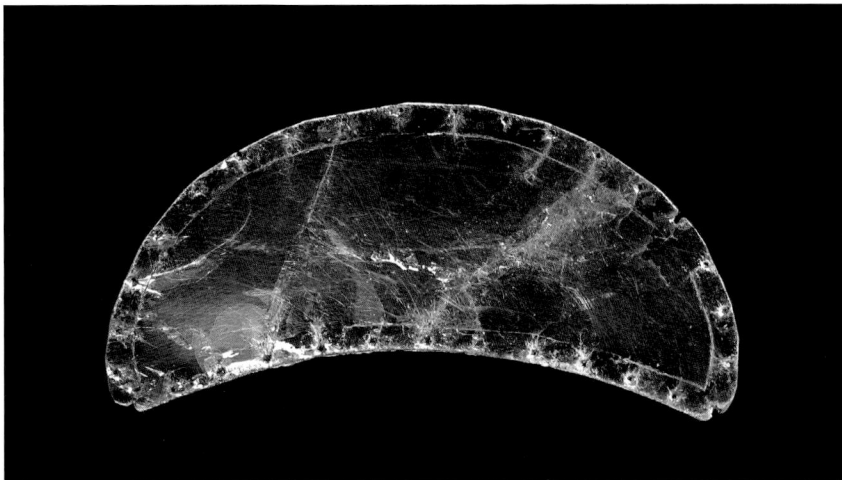

图三三七　云母片M2：20

第四章　墓葬相关问题

　　洗砚池晋墓自一号墓发掘工作伊始，即以其规模之大、保存之好、出土随葬品之精美引起了学术界及社会的广泛关注，特别是三个孩童埋葬于同一墓葬中的特殊葬俗，引发了许多研究者的思考。由于二号墓被盗，随葬品所剩无几，人们的关注点主要集中于一号墓。在发掘工作当中，曾发现个别墓砖上有刻写文字的迹象，但出于对墓葬原址保护、建设地下博物馆的需要，并未对墓葬建筑进行拆解和彻底清理，致使我们也并不了解建筑用砖上是否有明确的纪年资料。因此，有关墓葬年代、墓主人身份等问题，我们只能依据墓葬所处地望、墓葬的建筑规模、形制和出土随葬品提供的信息，进行初步的讨论。

一　关于墓葬年代问题

　　洗砚池晋墓为山东地区首次发现的魏晋时期的大型墓葬，两座墓葬均为砖室券顶墓，虽受到现代建筑影响未能对整个墓葬如墓圹、墓道进行全面清理，但墓室保存完整，结构十分清晰。从墓葬的形制结构和随葬品判断，将其归属于大型晋墓是没有疑问的。

　　两座墓葬的结构与以往见诸报道的晋墓结构都不相同。根据残存墓葬封土二号墓叠压一号墓封土的情况，确定了两座墓葬之间的相对早晚关系，即二号墓年代要晚于一号墓。但从两座墓葬建筑用砖的大小、尺寸、烧制质量、墙壁券顶的砌筑形式、墓底部龟背状隆起以及墓室外围填土的夯筑方式等都基本一致的情况推测，两座墓葬的年代相距并不会太远。

　　一号墓葬为双室异穴合葬墓，两个墓室的结构完全相同，各自独立，其间互不相通，之间有宽近1米的过道相隔。但两个墓室共用一道封门墙，封门墙为一整体，并无二次建筑的迹象，表明两个墓室是同时的。

　　但是，这种结构的墓葬以往并不多见，可资比较的有江苏南京板桥镇杨家山西晋墓，其墓葬平面形制也是双室并列，与一号墓形制有相似之处，但其间的差别是主要的。杨家山晋墓东西两室之间有一过道相通，每个墓室都呈"凸"字形，顶部为穹窿顶[1]；而一号墓虽为双室并列，但两墓室各自独立，均呈长方形，且为券顶，墓底呈龟背状隆起。杨家山墓葬发掘者推断为西晋时期，从墓葬平面结构看，洗砚池一号墓葬应同为西晋墓葬。

　　一号墓出土了丰富的随葬品，其中以瓷器、铜器和漆器数量最多，包括出土的金银器、煤精、

---

[1]　南京市博物馆、南京市雨花台区文管会：《江苏南京市板桥镇杨家山西晋双室墓》，《考古》1998年第8期。

琥珀等小动物等，都是各地西晋到东晋早期墓葬常见之物，唯其数量多而已。如M1东墓室出土青瓷壶（M1东：47）与南京长岗村五号墓出土青瓷盘口壶（M5：2）极为近似，出土三足炉、洗等铜器也基本相同，长岗村五号墓发掘者推断年代为吴末晋初[1]。M1东墓室出土的青瓷钵与南京殷巷西晋纪年墓出土同类器基本相同，殷巷西晋纪年墓为西晋惠帝永兴二年（公元305年）[2]。一号墓出土的金珠与南京北郊东晋温峤墓出土相同[3]，出土酱釉壶与江苏南京仙鹤观6号东晋早期墓出土釉陶壶基本一致，出土金珰大小、蝉纹也与洗砚池出土类似，金铃、金钗、金镯、金珠、云母片等都基本相同，出土的金质、绿松石质辟邪形佩饰与一号墓出土煤精兽造型相似[4]。出土的铜洗、铜鐎斗、铜熨斗与南京市富贵山六朝墓地M4出土同类器基本相同，发掘者推断为东晋早期[5]，等等。从以往发掘资料出土同类文物情况来看，多被笼统地认为属于西晋或东晋早期，除个别纪年墓外，墓葬年代多属于大致推测。但洗砚池一号墓为券顶，显然系承袭汉代形制而来，与东晋墓多为穹窿顶情况不同，出土的铜器种类多，且多与东汉墓出土同类器近同，因此一号墓的年代似应略早。

更重要的是，洗砚池一号墓出土文物中发现有纪年文字资料，对确定墓葬的年代有着重要意义。发现纪年文字共有四个年号：铜弩机上有"正始二年"纪年文字。"正始二年"年号历史上出现过两次，一是曹魏时期魏齐王曹芳的第一个年号，即公元241年；二是出现在北魏时期，即公元505年。洗砚池晋墓显然与北魏无关，该年号当为曹魏时期。其他年号均出自漆器之上，分别为"大康七年"、"大康八年"和"十年"，"大康"即"太康"，为西晋武帝司马炎的年号。"十年"的纪年也当是"太康十年"没有问题，经查在太康以后五十余年间，晋代年号没有使用到十年的。由此推断，一号墓的年代不会早于太康十年即公元289年。又从纪年文字都出在漆器底部，皆为朱书而成，字迹保存完整清晰，并无明显的磨损现象，因此可以推测，漆器制作年代与作为陪葬品入葬年代当相去不远，无论作为日常用品或传世之物，都难以想象会流传至28年之后进入东晋王朝（公元317~420年）仍保存如此之好。因此，我们推断一号墓的年代大约就在太康十年即公元289年之后的几年之内。

二号墓由封土叠压关系明确了其要晚于一号墓，即墓葬上限也在太康十年之后。从墓葬规模来看，虽然墓葬墓室之外为现代建筑占压，墓圹及墓道情况不明，但就墓室而言，规模比一号墓为大。但该墓至少经历两次盗掘，随葬品残存较少，也缺乏纪年资料。从墓葬结构来看，平面结构为前面一近方形我们称之为甬道的建筑，似也可称之为前室，后面则是宽大的长方形墓室，这种平面布局与山东诸城西晋墓大致相同[6]，唯洗砚池二号墓规模更大、结构更复杂。又与山东邹城西晋时期刘宝墓框架结构近似，区别在于刘宝墓的大型墓室分割成前后两部分，前部分有左右耳室。出土的陶灯也与刘宝墓出土同类器近同[7]。出土的金叶片则与南京北郊东晋温峤墓出土相同[8]，出土的青瓷

[1] 南京市博物馆：《南京长岗村五号墓发掘简报》，《文物》2002年第7期。
[2] 南京市博物馆：《南京殷巷西晋纪年墓》，《文物》2002年第7期。
[3] 南京市博物馆：《南京北郊东晋温峤墓》，《文物》2002年第7期。
[4] 南京市博物馆：《江苏南京仙鹤观东晋墓》，《文物》2001年第3期。
[5] 南京市博物馆、南京市玄武区文化局：《江苏南京市富贵山六朝墓地发掘简报》，《考古》1998年第8期。
[6] 诸城县博物馆：《山东省诸城县西晋墓清理简报》，《考古》1985年第12期。
[7] 山东邹城市文物局：《山东邹城西晋刘宝墓》，《文物》2005年第1期。
[8] 南京市博物馆：《南京北郊东晋温峤墓》，《文物》2002年第7期。

器则与一号墓出土同类器相同，应与一号墓年代相近。

如前所言，二号墓从墓葬建筑本身无论在建筑材料、建筑的方式方法还是建筑特征各方面，都与一号墓基本一致，尽管残存随葬品较少，且封土叠压关系显示其晚于一号墓，但推测两者之间年代相距也不会远，仅仅是相对存在早晚关系。因此，我们推测二号墓的年代也大致属于西晋晚期或东晋初年。

二 关于墓葬葬俗和墓主人问题

洗砚池晋墓发掘伊始，关于墓葬的埋葬方式特别是墓主人身份问题就引起了人们极大的兴趣，特别是一号墓葬中埋葬的是三个孩童，这种埋葬方式本身就容易引起人们的兴趣。再者，墓葬又是在王羲之故居公园扩建工程中发现，王氏家族在魏晋时期为临沂一带的名门望族，人们自然又关心墓主人与王氏家族究竟有无关系？一号墓和二号墓都属于山东首次发现的魏晋时期大型墓葬，相距如此之近，它们之间又是否存在什么关系？诸如此类种种问题不仅让参加发掘的人员思考，同时引起学术界和社会的广泛关注。

有关学者对一号墓葬俗和墓主人问题的思考，前提基于人骨初步鉴定的结果和两个墓室随葬品数量种类的差异。在一号墓发掘过程中，我们请山东省博物馆的孔庆生同志对三具骨架进行了初步鉴定：西墓室儿童骨骼保存较完整，门齿乳齿已换掉，恒齿刚刚长出一点，墓主人处于正换牙年龄，约在6～7岁左右；东墓室的两具小棺内各埋葬一婴幼儿，一具为2岁左右的幼儿，另一具则为不满周岁的婴儿。但由于墓主人年龄太小，性别特征不明显，因此难以判断墓主性别。参加发掘工作的闫光星先生即根据西墓室随葬品中有铜弩机、铁刀等兵器，随葬品总体数量和精美程度都要高于东墓室随葬品的实际情况，推测西墓室应为主墓室，墓主可能为男性。他又根据魏晋时期曾存在冥婚习俗的历史事实，提出一号墓东墓室中的两具婴幼儿可能为女性，三具孩童可能属于冥婚关系。同时提出墓主人可能与王氏家族有关的见解。另一位参加一号晋墓发掘的李玉亭先生则根据有关文献记载，推测东墓室两具婴幼儿应是两代相继夭折的琅琊王司马焕和司马安国叔侄，他根据西墓室墓主随葬品头部插有金笄和金簪，使用两双金钏和金指环并套于肢骨和指骨上，乃是以"成人之礼"埋葬；晋朝妇女也有用兵器随葬的习俗等，推测西墓室墓主应为女性，乃是"加以成人之礼"的王妃。且不论两位先生的见解是否妥当，作为参加发掘者却都是经过了认真的思考，当时略备一说。

要讨论一号墓埋葬三个孩童的习俗、墓主之间的关系以及墓主身份问题，除依据墓葬的规模和丰富的随葬品提供的信息之外，对残存人体骨骼进行鉴定就很有必要。为此，我们又请中国社科院考古研究所的王明辉先生再次进行鉴定，鉴定结果为西墓室儿童年龄6～7岁，东墓室两具年龄分别为4～6个月和0～2个月，与孔庆生先生的鉴定结果相近，唯两个婴幼儿年龄更小。但由于三个孩童年龄太小，保存状况也不完整，性别特征不明显，因此这次鉴定也没有对墓主的性别得出结果。近期，我们又请复旦大学文少卿等先生对出土的人骨进行了古DNA鉴定，主要目的在于了解墓主人的性别及墓主人之间是否存在血缘关系问题。鉴定结果却出乎预料：西墓室主人为六岁的女孩，东墓室两个幼儿也都是女孩，年龄分别为2岁和1岁。这个结论不仅排除了她们之间属于"冥婚"的可能，也与琅琊王司马焕和司马安国叔侄无关，更非"王子"与"王妃"的关系了。我们还希望通过古DNA鉴定，搞清楚三个孩童之间是否存在血缘关系，遗憾的是由于东墓室两个幼儿骨骼保存的状况不理想，目前尚未能测定出她们之间是否存在血缘关系。按照这个鉴定结果，就使得墓主之间的关系更加扑朔迷离，对葬俗也更加有深入思考的必要。

二号墓两个成年人骨架保存状况较好。王明辉先生的鉴定结果为北侧的骨架为女性，年龄30～35岁；南侧的骨架为男性，年龄30岁左右。复旦大学的鉴定结果略有差异，同样为两个成年男女，不同的是女性年龄约35～45岁，男性的年龄为18～20岁，男女之间的年龄差距比较大。但复旦大学进行DNA鉴定更注重于墓主人性别及他们之间的血缘关系方面，取样仅仅局限于两枚牙齿，很可能在年龄鉴定方面存在较大误差。按照传统认识，一对成年男女的合葬墓，一般认为是夫妻关系，但从复旦大学关于墓主人年龄的鉴定结果来看，年龄差距悬殊，则为夫妻关系的可能性不大。因此，就二号墓墓主年龄问题，我们倾向信从于王明辉先生的鉴定结果。

另一方面，洗砚池两座墓葬相距仅有三十余米，墓葬结构虽然不同，但建筑材料和建筑方式都基本一致，很容易让人产生他们之间应该属于同一家族并可能为近亲关系，或者说存在直系血缘关系。但DNA鉴定的初步结果显示，二号墓两个成年人与一号墓的三个孩童之间并不存在直系血缘关系，就是说他们并不存在亲子关系，这样就排除了二号墓墓主为一号墓三个孩童父母的问题。

基于上述鉴定结果和墓葬规模和出土随葬品，我们对洗砚池晋墓墓主人身份也只能做大致的推测。墓葬的规模显示其无疑属于高等级的贵族墓葬，而在魏晋时期，临沂一带权势最大的有司马氏家族即琅琊王家族和王氏家族。从墓葬所处地望，很容易让我们与这两大家族联系起来。

首先谈二号墓，该墓葬规模宏大，年代略晚于一号墓，但相距不会太远。尽管由于被盗的原因，出土随葬品很少，但从残存的少量随葬品来看，仍然不乏奢华之印象。龙首瓷灯造型精美，残存的金钉或为棺上装饰之用，残存的金叶片应为步摇之物，墓主无疑为高等级贵族，可能与司马氏和王氏两大家族有关。但查诸史籍，王氏家族在西晋时期虽为名门望族，但真正在政治上发挥作用则是在西晋永嘉之乱之后，以王导为首的士族集团辅佐琅琊王司马睿建立东晋王朝开始，一度形成"王与马共天下"的格局。西晋末期，王氏家族举族南迁，再于临沂一代建设规模如此之大的墓葬可能性不大，结合一号墓随葬品多出土金珰等显示与官宦之家有关的遗物，因而从墓葬规模、所处地望和残存随葬品情况来看，我们更倾向于其与司马氏家族即琅琊王有关，但并无确凿证据。

如果二号墓主人与琅琊王有关，依照文献记载，与墓葬年代相近的只有司马觐、司马裒、司马安国与司马焕四代琅琊王。

司马觐是琅邪武王司马伷的长子，《晋书·卷三十八·列传第八》记载：司马觐"太熙元年薨，时年三十五"。太熙元年即公元290年，符合我们关于墓葬年代推断的公元289年之后。司马觐之妃为夏侯氏，《晋书·卷三十一·列传第一》：妃"永嘉元年（公元307年）薨于江左，葬琅琊国"，明确其葬在临沂，但未明是否与司马觐合葬。若行合葬之礼，则与人骨鉴定女性年龄偏大相合。唯男性墓主年龄测定结果与文献记载有一定差距，但也不排除年龄鉴定结果存在误差的可能。

司马裒是晋元帝司马睿的第二个儿子，《晋书·卷六十四·列传第三十四》记载：司马裒"建武元年薨，年十八，赠车骑大将军，加侍中。及妃山氏薨，祔葬，穆帝更赠裒太保"。建武元年即公元317年，也符合墓葬年代晚于公元289年的实际情况。男性墓主年龄鉴定结果与复旦大学鉴定的结果相符合，因此如果推断为墓葬与琅琊王有关，也不排除其属于司马裒墓葬的可能。

司马安国与司马焕都属于幼年丧命，显然与墓主无关。

一号墓西墓室出土了铜弩机、铁刀等兵器，这也是开始我们怀疑墓主可能为男孩的主要依据，但鉴定结果却为女孩。查诸文献，与墓主随葬兵器也并不矛盾，魏晋历史上确有女性佩戴兵器和习武的习俗，三国时期刘备之孙夫人习武的故事，人们耳熟能详，甚至于在妇女的装饰品中也有制作成兵器者。《晋书·卷二十七·五行上》载："惠帝元康中，妇人之饰有五兵佩，又以金银玳瑁之属，为斧钺戈戟，以当笄。"如此，西墓室女孩以兵器作为随葬品就不足为怪了。二者，以兵器作为女孩的随葬品，仅为富商贵族之女似乎有些不妥，或与官宦之家有关，这与一号墓出土9件金珰的情况又相吻合。从以往考古发现来看，出土金珰一类随葬品的墓葬，通常一墓中只出土一件。山东邹城西晋刘宝墓出土一件方形兽面金饰，韦正先生认为属于金珰之属[1]。刘宝墓为夫妻合葬墓，墓主刘宝曾为"侍中、使持节、安北大将军……关内侯"等职。江苏南京仙鹤观6号东晋墓出土金珰与一号墓形制最为接近，惟其背面无有铜片附着，发掘者推测墓主为"晋故侍中骑都尉建昌伯广陵高崧"父母等等。依照文献记载，以金珰为冠饰，用于武官，因其高大，故称"武弁"或"大冠"。《后汉书·舆服志》载："武弁大冠，诸武官冠之，侍中、常侍加黄金珰，附蝉为文，貂尾为饰，名'赵惠文冠'"。皇帝的近臣也戴此冠，汉晋时期一般为侍中、中常侍男性高官。《汉书·燕刺王刘旦传》："郎中侍从者著貂羽，黄金附蝉，皆号侍中。"颜师古注："附蝉，为金蝉以附冠前也……而貂羽附蝉，又天子侍中之饰。"《汉书》卷八十五《谷永传》："戴金、貂之饰，执常伯之职者。"颜注："常伯，侍中。"又，《后汉书》卷四十三《朱晖传附朱穆传》："假貂珰之饰，处常伯之任。"李注："珰以金为之，当冠前，附以金蝉也。"《后汉书》卷七十八《宦者传序》："汉兴，仍袭秦制，置中常侍官。然亦引用士人，以参其选，皆银珰左貂，给事殿中。……自明帝以后……中常侍至有十人，小黄门亦二十人，改以金珰右貂，兼领卿署之职。"左思《三都赋》之《魏都赋》："蔼蔼列侍，金蝌齐光。"《晋书·卷二十五·舆服》的记载最明确："侍中、常侍则加金珰，附蝉为饰，插以貂毛，黄金为竿，侍中插左，常侍插右。"韦正先生根据考古发现实物研究，金珰又可广泛用于女性，或为步摇之构件。关于女性使用金珰文献也有记载，晋陆翙《邺中记》载："石虎置女侍中，皆貂蝉，直侍皇后。"《晋书·卷十九·礼上》载，皇后亲蚕时，"女尚书著貂蝉佩玺陪乘，载筐钩。"如同侍中、散骑常侍、中常侍等存在不同级别一样，女尚书应只是能够配戴蝉纹金珰的女性宫廷官员之一[2]。因此，在西晋时期，伺候皇后的女官或曰贴身之近臣也是可以使用金珰为饰品的。

---

[1] 韦正：《金珰与步摇——汉晋命妇冠饰试探》，《文物》2013年第5期。

[2] 韦正：《金珰与步摇——汉晋命妇冠饰试探》，《文物》2013年第5期。

临沂洗砚池晋墓

又，一号墓漆器之上，分别有朱书"李次"、"李平"、"王女"、"赵"等姓氏文字，这些文字应属于"物勒工名"的用意，当与墓主无关。

魏晋时期，儿童意外死亡，因其身份高贵，有埋葬加以"成人之礼"的习俗。《晋书》记载，琅琊悼王"焕"幼年去世，"帝为之撤膳，乃下诏封为琅琊王，嗣恭王后。俄而薨，年两岁。帝悼念无已，将葬，以焕既封列国，加以成人之礼，诏立凶门柏历"。一号墓规模之大、随葬品之丰富精美，反映出这三个孩童使用的葬制乃是"成人之礼"，墓主身份之高贵有可能属于琅琊王族成员，鉴于其又与二号墓处于同一陵园之内，且他们之间并无血缘关系，也可能与皇亲女眷或琅琊王后的女侍官有关。

三　关于墓葬随葬品反映的手工业问题

洗砚池晋墓出土随葬品丰富精美，特别是出土了大量的青瓷器和铜器、漆器，为魏晋考古发现数量最多、器类最丰富的一批。从出土的铜器来看，多为东汉以来常见之物，如鐎盉、鐎斗、熨斗、洗之类，铜弩机上铭文表明为曹魏时期，反应随葬的铜器应多属于传世用品，并非为该墓葬制作的明器。同时，也有少量如仙人骑狮器、凤形熏炉等精美铜器，目前尚未见于其他地区，有可能即为当地的产品。山东地区自春秋时期即为冶铸业发达的地区，尤其是西汉时期全国设置的49处铁官，仅山东地区就有12处，且多为考古发现所证实。文献记载琅琊国和附近的莒县都设置有铁官也应是可信的。因此，两汉至魏晋时期，临沂一带仍然有着较为发达的冶铸手工业，晋墓出土的部分铜器中可能即属于当地的产品。

但墓葬中随葬的陶器却器类单调，一号墓仅有陶盘和高足陶盘之类，这些陶器基本属于漆衣陶，只是漆皮多已脱落，总体来说制作较为粗糙。如一号墓东墓室出土16件陶盘，形制虽基本一致，但细察却每一件都不完全相同，显示制作的随意性。自西汉以来，山东沿海一带墓葬中，盛行以漆衣陶随葬的习俗，这是受楚文化影响的结果，洗砚池晋墓随葬的漆衣陶器就是这种习俗的延续，也应为当地的传统产品。

洗砚池晋墓出土了大量漆器，虽腐朽较严重，甚至于难以统计准确数量，但器形较为齐全。除常见的盘、杯、耳杯、奁盒、勺之外，还有盆、碗、钵、单把杯、壶、罐等。漆器的底部多有"王女"、"李平"、"李山"、"李次"、"赵……"、"官"等文字题记，这些题记姓氏当与墓主无关，应属于私营作坊的产品，属于"物勒工名"的产物。但从残存的漆器来看，这批漆器制作总体较为粗糙，与同时期南方墓葬出土漆器在制作精美程度上不可同日而语，与本地汉代墓葬如临沂银雀山出土漆器相较也表现出严重衰退的迹象。临沂一带自西汉时期就具有漆器生产的传统，而且具有很高的工艺水平。20世纪70年代初发掘的临沂银雀山汉墓中就出土了一批漆器，部分漆器上并有文字，其中漆耳杯上分别有"筥市"戳记和"市政草"、"市"戳记[1]。近年来，山东日照海曲墓地又出土了数百件精美的漆器，虽然从器形、器类方面都显示与南方漆器相近或相同，但纹饰风

---

[1]　山东省博物馆、临沂文物组：《山东临沂西汉墓发现〈孙子兵法〉和〈孙膑兵法〉等竹简的简报》，《文物》1974年第2期。

格却有一定差异。"筥"即为"莒"，"筥市"戳记反映银雀山汉墓漆器应属于当地产品。因此，洗砚池晋墓出土漆器虽然不及汉代漆器制作的精美，但漆器制作工艺的传统应仍在延续，文字题记反映这些漆器应属于私营作坊的产品。

大量青瓷器的出土是洗砚池晋墓的亮点，特别是一号墓出土青瓷器多达30余件，器形主要有鸡首壶、盘口壶、坛、钵、胡人骑狮烛台等，在我国北方地区这是出土数量最为集中的一批。在过去的考古发掘中，临沂一带也曾有发现，如苍山庄坞乡晋墓和著名的苍山元嘉元年画像石墓，也都出土了为数不少的青瓷器[1]。出土的青瓷器无论从器类还是形制上，都与南方同期墓葬中出土同类器相同或相近。这类青瓷一般认为属于江浙一带越窑系的产品。迄今为止，山东地区尚未发现烧制这类青瓷器的窑址迹象，因此，我们也倾向于其属于南方越窑系的产物，是西晋时期临沂一带与南方广泛交流的结果。

众所周知，西晋之前的临沂地区一直有着重要的地位，从大汶口文化时期一直到汉代，本地区的手工业生产都十分发达，有许多重要的考古发现，但到西晋末年，伴随名门望族的大举南迁，加之于后来战争频仍，致使这一地区的经济发展一度落后，呈现出前盛后衰的局面。从洗砚池晋墓出土随葬品情况来看，既有大量的青瓷器等舶来品，也有漆器、陶器等本地产品，反映出当地手工业的生产虽然有衰退迹象，但传统仍延续下来，由此可见当时手工业生产的一般。而在这种历史背景下，墓葬的规模和出土文物的精美又折射出墓主人身份的高贵。

临沂洗砚池晋墓

[1] 临沂地区文管会、苍山县文管所：《山东苍山县晋墓》，《考古》1989年第8期。山东省博物馆、苍山县文化馆：《山东苍山元嘉元年画像墓》，《考古》1975年第2期。

附录一　临沂洗砚池晋墓出土人骨的初步鉴定

王明辉

（中国社会科学院考古研究所）

整个山东地区，乃至整个中国，有关晋墓的人骨资料都很少，一方面是晋墓多砖室墓、洞室墓等，这类墓葬的人骨资料多保存较差；另一方面是考古学家以及人类学家对历史时期的人骨资料不够重视，没有及时加以收集、保护和鉴定研究。因此，我们对晋墓出土的人骨情况所知甚少。

洗砚池晋墓是山东地区近年来重要的晋墓考古发现，对研究鲁东南地区晋代政治、经济和文化的发展，均有着十分重要的意义。同时也为探讨晋代墓葬形制、葬丧习俗和随葬器物等方面的问题，提供了丰富而又确切的实物资料。

2012年夏，笔者受邀到临沂市博物馆鉴定洗砚池晋墓出土的人骨资料，希望对晋代人的体质特征、健康状况、饮食结构和遗传信息有所了解，但洗砚池墓地出土骨骼显示墓主人多年龄较小，属于婴幼儿时期，对进一步研究造成很大的困难；我们还对两例成年个体进行了较为系统的观察和分析。同时，我们采集了部分骨骼，想进一步进行古DNA分析，但据古DNA研究专家判断和实验室分析，多数骨质保存太差，无法提取有效DNA。遗憾之余，希望能引起历史时期考古学家对人骨资料的重视，及时对出土人骨资料加以保护和收集，以供人类学家以及相关专家的分析和研究。以下是笔者对这批晋墓人骨资料的观察与初步分析。

一

根据考古简报[1]记录，洗砚池晋墓M1东室内有两具小棺。一具东西向横置于墓门口。经鉴定为一具婴儿骨骼，骨骼保存有头骨片、肢骨、肋骨、下颌骨、盆骨片等；性别不明，年龄大约为4～6月的婴儿，具体表现为下颌门齿正在萌出。

另一具小棺位于东室西北角，保存的骨骼包括头骨片、下颌骨、肢骨、肋骨、盆骨等；性别不明，年龄为0～2月出生不久的婴儿，骨骼非常细小，乳齿尚未萌出。

M1西室有漆棺一具，漂至墓门口，棺内骨架一具，头向东，长约1.2米。在其头部残存的一束头发上，插有金簪、金钗。在胸部清理出金串珠43粒，手部各有一对金手镯，在双手部位还发现1枚

---

[1]　山东省文物考古研究所、临沂市文化局：《山东临沂洗砚池晋墓》，《文物》2005年第7期。

金指环，周围还有金铃等饰物。在骨架的左右两侧各有一把环首铁刀。棺内西部有铜弩机、鐎斗、铜釜、铁镜、鸡首壶、漆盘、漆勺、棋子等，从随葬品看似乎没有明显的性别指向。棺内骨骼主要有头骨、肢骨、盆骨、肋骨、椎骨、下颌骨、脚骨等；年龄特征为第一恒臼齿已经萌出，中门齿正在萌出，其余为乳齿，颅缝未开始愈合；故年龄判断为6～7岁，因年龄较小，性别特征为发育，很难判断具体性别，所以性别不明。同时，由于骨骼保存相对较好，我们也可以观察一些其他特征：颅形特征包括卵圆形颅，中长颅、中颅、中高颅、高面、狭面、狭鼻、中眶、平颌等；虽然年龄较小，性别特征为发育，但也存在直额、眶上缘薄锐等倾向女性的体质特征。

该个体虽然年龄较小，但也出现一些反映健康状况的病理特征，主要表现为双侧尺桡骨上端粘连，骨质连接，属于病菌特异性感染导致肘部严重炎症，形成骨质粘连；说明该个体生前肘关节疼痛和活动难度较大，个体生存能力较差；该个体的第一、二、三胸椎椎体前部中间部位各有一个横向切割痕迹，痕迹深入椎体，似切割形成，但又有愈合现象，其中第一胸椎的切割痕迹呈弧状，其他胸椎的痕迹垂直于椎体；似从前向后切割形成，年龄如此小的个体遭受不止一次严重的创伤，可能与死因有关；在该个体左侧眶内缘有类似贫血形成的蜂窝状痕迹，同时在右侧顶骨近颞骨后部也有类似蜂窝状的痕迹，可能与生前患有严重的缺血性贫血症状有关；此病症与遗传、食物结构、环境（如感染或蚊虫传染环境）等有关，严重的可导致死亡，这也有可能与死因有关。同时，该个体的牙齿釉质发育良好，显示在婴幼儿阶段的营养状况较好。

M1出土的两例婴幼儿个体骨骼上均未发现明显的致死疾病或创伤现象，儿童个体骨骼上发现两侧尺桡骨上发现病菌特异性感染导致肘部严重炎症，同时椎骨椎体上发现切割痕迹，或可能与死因有关；但创伤形成的原因，尚无法判断是意外创伤还是某种特异性创伤。同时，由于年龄较小，体质特征未发育，无法从形态学判断这三例个体之间是否存在亲缘关系。但同时骨质保存较差，无法有效提取古DNA，做进一步亲缘关系分析。

二

M2墓室内发现两具木棺，均已腐朽成灰。棺已移位，一具棺木现置于墓室南部，呈东南—西北方向；另一具棺木在墓室北半部，东西方向。墓室内发现骨架两具，人骨保存较好，但均已移位，南侧人头骨及肢骨已移至墓室两壁的中间，其余骨骼零散至墓室中、东部。北半部西壁处一人骨架，头骨保存完整，脊椎骨与头骨仍相连，肋骨、上肢骨、椎骨、盆骨也相对比较集中，有些下肢骨已移至北墙根处。从清理的两具骨架来看，发掘者认为该墓应为夫妻合葬墓，墓主人可能为名门望族。

M2南部个体骨骼保存较差，头骨碎裂严重，肢骨多残破，尚保存有椎肋骨、盆骨、手脚骨等。该个体头骨眉弓发育显著，斜额，下颌粗壮，牙齿较大，肱骨粗壮，综合判断性别为男性。下颌第三臼齿已经萌出，但未磨耗，其余牙齿皆轻度磨耗，判断其年龄为30岁左右。口腔卫生状况显示，齿列较好，未发现明显的口腔疾病现象，暗示墓主人生前生活较为优越，卫生状况良好。个体椎骨

上也未发现明显的骨质增生现象，这一方面可能说明墓主人年纪较轻，另一方面可能说明墓主人生前生活水平较高，较少从事繁重的体力劳动，没有在椎骨上形成繁重体力劳动容易产生的骨赘。墓主人肢骨、尤其是股骨相对肱骨而言较为细弱，股骨肌嵴不发达，这可能暗示墓主人生前的劳动强度较小或锻炼较少，可能与墓主人生前社会身份相对高贵有关。同时，在脚骨上的距骨上没有发现秦汉时期人群经常发生的跪踞面现象，这与墓主人生前生活有关，可能生前较少采用跪坐姿势。

M2北部个体骨骼保存极好，包括完整的头骨，肢骨、盆骨、椎骨、肋骨、脚骨等也保存较好。根据盆骨的性别特征十分明显，且前额较直、眶上缘薄锐，综合判断为女性。第三臼齿已经萌出，且略磨耗，第一臼齿齿质点暴露，尚未连成一片，头骨缝已经开始愈合，综合判断年龄为30～35岁。

该个体虽然为女性，但也表现出一定男性化的特征，主要表现为肢骨粗壮，肢骨骨密度1级、粗壮度1级；下颌骨粗壮，枕外隆凸发育显著；可能暗示墓主人生前有一定的体力劳作。墓主人口腔卫生状况良好，牙齿釉质发育良好，暗示墓主人生前生活条件优越，幼时营养状况良好。椎骨中的全部腰椎和部分胸椎有程度不同的增生，其中第三、四腰椎增生极为严重，椎体周缘增生呈舌状，直接刺激左右下肢神经系统，推测墓主人生前患有严重的腰椎疾病，同时可能下肢活动受到严重影响，不良于行。这一方面说明墓主人年龄较大，另一方面说明墓主人生前从事过相对繁重的体力劳动，反映在椎骨上形成增生现象，这与肢骨粗壮度的特征表现较为一致。根据右侧股骨最大长43.8厘米，推测生前身高约为165.6厘米，在黄河中下游地区汉晋时期女性人群中属于较高的身材。

该个体头骨完整，主要特征表现为卵圆形颅、中长颅、中狭颅、高颅、高面、狭面、狭鼻、中眶、平颌等，属于东亚蒙古人种典型特征，与黄河中下游地区秦汉时期古代居民的体质特征较为一致。从体质形态判断，墓主人与山东地区汉晋时期原住民具有较强的一致性，即墓主人可能是当地人。

M2两个个体皆为成年人，且一男一女，埋葬在同一墓葬内，不排除夫妻关系的可能性。体质形态学和古DNA分析手段无法通过骨骼和基因判断不同性别的个体是否属于夫妻关系。同时，由于多数骨骼保存较差，无法提取足够有效的古DNA，暂时无法判断两个墓葬的个体之间是否存在血缘关系或家族关系等。

三 具体鉴定结果

1．M1东室门口

（1）小孩骨骼，保存有头骨片、肢骨、肋骨、下颌骨、盆骨片等；

（2）性别：不明；

年龄：4～6个月；

（3）下颌牙齿门齿正在萌出。

2．M1东室西北角

（1）小孩骨骼，保存有头骨片、下颌骨、肢骨、肋骨、盆骨等；

附

录

（2）性别：不明；

年龄：0~2个月；

（3）骨骼细小，牙齿尚未萌出。

3．M1西室棺内骨架

（1）保存有头骨、肢骨、盆骨、肋骨、椎骨、下颌骨、脚骨等；

（2）性别：不明；

年龄：6~7岁；

（3）A、第一臼齿已经萌出，中门齿正在萌出，其余为乳齿；

B、卵圆形颅、中长颅、中颅、中高颅、高面、狭面、狭鼻、中眶、平颌等；

C、性征未发育，直额、眶上缘薄锐、颅缝未愈合；

D、双侧尺桡骨上端粘连，骨质连接，属于病菌特异性感染导致肘部严重炎症，形成骨质粘连；该个体生前肘关节疼痛和活动难度较大；

E、第一、二、三胸椎椎体前部中间部位各有一个横向切割痕迹，痕迹深入椎体，似切割形成，但又有愈合现象，其中第一胸椎的切割痕迹呈弧状，其他胸椎的痕迹垂直于椎体；似从前向后切割形成，但不知是否与死因有关；

F、左侧眶内缘有类似贫血形成的蜂窝状痕迹，同时在右侧顶骨近颞骨后部也有类似蜂窝状的痕迹，可能与生前的贫血症状有关；

G、牙齿釉质发育良好，显示营养状况较好。

4．M2南侧

（1）头骨碎裂严重，肢骨多残，尚保存有椎肋骨、盆骨、手脚骨等；

（2）性别：男性；

年龄：30岁左右；

（3）A、头骨眉弓发育显著，斜额，下颌粗壮，牙齿较大，肱骨粗壮，但肢骨尤其是股骨相对细弱，肌嵴不发达，可能与劳动强度较小或锻炼较少有关，可能暗示其身份相对高贵；

B、第三臼齿已经萌出，未磨耗，其余皆轻度磨耗；

C、齿列较好，未发现口腔疾病现象；椎骨也未发生增生现象；跖骨上也没有跪踞面现象。

5．M2北侧

（1）骨架保存极好，头骨完整，肢骨、盆骨、椎骨、肋骨、脚骨等保存较好；

（2）性别：女性；

年龄：30~35岁；

（3）A、盆骨性征明显，肢骨粗壮、下颌骨粗壮，但头骨直额、眶上缘薄锐，枕外隆凸发育显著；

B、第三臼齿已经萌出，第一臼齿齿质点暴露，尚未连成一片；头骨缝已经开始愈合；肢骨骨密度1级，粗壮度1级；

C、卵圆形颅，中长颅、中狭颅、高颅、高面、狭面、狭鼻、中眶、平颌等，属于东亚蒙古人种特征；

D、牙齿釉质发育良好，显示幼时营养状况良好；

E、全部腰椎和部分胸椎有程度不同的增生，其中第三、四腰椎增生极为严重，椎体周缘增生呈舌状，直接刺激左右下肢神经系统；

F、右侧股骨最大长43.8厘米，推测生前身高约为165.6厘米。

附录二 临沂洗砚池晋墓遗骸DNA研究报告

杜盼新、骆潇沁、文少卿、蒙海亮、谭婧泽、李辉

（复旦大学现代人类学教育部重点实验室）

一 前言

古DNA（ancient DNA，aDNA）是指保留在古代生物遗骸和遗迹中的遗传物质，是一种重要的遗传资源。古DNA研究是以分子生物学技术为基础发展起来的一个新兴领域，通过古DNA研究能够分析古代生物的谱系、分子演化理论、人类的起源和迁移、动植物的家养和驯化过程等[1]。20余年来，古DNA实验技术不断发展。分子克隆、PCR、下一代测序技术、引物延伸捕获和芯片杂交捕获等扩增和测序技术的不断涌现，分别引领了古DNA研究的三次革命，极大的推动了古DNA研究的发展和成熟[2]。近年来，将古DNA技术应用到考古学上，考古遗址中出土的古代遗骸的个体、家系、性别和种族等的鉴定工作提供了来自遗传学的证据，为考古研究提供了更多有价值的信息。

山东临沂洗砚池晋墓位于临沂市市区洗砚池街北侧、王羲之故居公园东北部。出土的两座墓葬东西相距30余米，除墓门为石制之外，其余均为砖筑。其中M1为双室墓，保存完整，同一墓葬埋葬三个未成年人，是考古发掘中极为罕见的现象，出土随葬品二百五十多件，为山东晋代墓葬中所仅见；M2为夫妻合葬墓，墓室结构完整，在一号墓之西，与一号墓相距不远。洗砚池晋墓一经发现便引起了社会和学术界的广泛关注，被评为2003年度十大考古新发现之一，但时至今日仍有一些未解之谜：1）一号墓中的儿童性别存在争议。周晓莉认为：M1西室葬者为6～7岁女孩，东室两具人骨为男孩，一个两岁，另一个不足一岁[3]。孔庆生与周晓丽的年龄判定一致，但是对于性别未能提及[4]。张学峰认为M1东室葬的是琅琊悼王司马焕（两岁男童）及其冥婚者（不满周岁女婴），M1西室葬的是司马安国（6～7岁男童）[5]。2）一号墓和二号墓中的遗骸间是否有血缘关系。针对上述问题，本课题组对山东临沂洗砚池晋墓遗骸开展了古DNA调查。

[1] Hofreiter M, et al., Ancient DNA. *Nat Rev Genet*, 2001; 2(5):353-9.

[2] Wang Chuanchao, LI Hui. Three Revolutionary Changes in the Development of Ancient DNA Analysis Techniques. *Communication on Contemporary Anthropology*, 2010 16(S):35-42.

[3] 周晓莉：《羲之故居晋墓浅析》，《文史博览（理论）》2009年第6期。

[4] 山东省文物考古研究所、临沂市文化局：《山东临沂洗砚池晋墓》，《文物》2005年第7期。

[5] 张学峰：《山东临沂洗砚池晋墓墓主身份蠡测——以随葬品的考察为中心》，《文史》2008年第1期，第31～49页。

二 研究材料

本次研究所用样本来源于山东临沂洗砚池晋墓的一号墓的3个未成年人的肢骨和一号墓的2个成年个体的牙齿。样本的具体信息见表一。本次研究根据二号墓DNA测试所用牙齿的磨损度初步鉴定认为二号墓的男性年龄为18～20岁，女性年龄为35～40岁。

三 实验方法

3.1 DNA提取

本次实验严格按照古DNA研究的操作规范[1]对样本进行处理：①去污染预处理，②样品的钻孔取粉，③DNA抽提沿用本实验室之前成熟运用的硅胶吸附法[2][3]。

3.2 性别鉴定

在以前的法医学和古DNA研究中，往往利用X和Y染色体在AMEL基因上扩增片段长短的差异鉴别性别，但是有一些男性在AMEL基因上存在缺失，因此会把男性错误的鉴别为女性[4]。本课题组在amelogenin基因的基础上，增加了一个男性性别决定基因SRY。分别设计荧光引物，对样本目标基因进行复合扩增，最后通过毛细管电泳的方法对实验结果进行判读，最终确定实验样本的性别[5]。

3.3 亲缘关系鉴定

本次实验采用了法医学常用的亲缘鉴定方法，使用AmpFlSTR® Identifiler® Plus PCR Amplification Kit试剂盒，对样本DNA进行复合扩增，PCR产物纯化后在ABI 3730测序仪（Appliedbiosystems, Carlsbad, CA）上分析，从而确定实验样本之间的亲缘关系。

3.4 族源鉴定

为更清楚了解测试个体的族属，我们还对分子鉴定的男性样本使用YFiler (Appliedbiosystems, YFiler kit) 进行了17-STR位点的检测。另外，基于本实验自主开发的含有20万东亚现代人Y染色体遗传数据库，我们通过古DNA的Y-STR单倍型大致预测该样本的Y-SNP单倍群归属[6]。因此，我们挑选了少数几个位点组成mini-panel，对预测单倍群进行验证。

[1] Pääbo S, et al., Genetic analyses from ancient DNA. *Annu Rev Genet*, 2004, 38: 645-79.

[2] Xu Z, et al., Mitochondrial DNA evidence for a diversified origin of workers building First Emperor of China. *PLoS One*, 2008, 3(10): e3275.

[3] Zhang F, et al., Prehistorical East-West admixture of maternal lineages in a 2,500-year-old population in Xinjiang. *Am J Phys Anthropol*, 2010, 142(2): 314-20.

[4] Santos FR, et al., Reliability of DNA-based sex tests. *Nature genetics*, 1998, 18:103.

[5] Baca M, et al., Ancient DNA reveals kinship burial patterns of a pre-Columbian Andean community. *BMC Genetics*, 2012, 13:30.

[6] 文少卿等：《古DNA证据支持曹操的父系遗传类型属于单倍群O2》，《人类学学报》待刊。

附
录

四 实验结果

4.1 性别鉴定

一号墓的3个未成年个体和二号墓的2个成年个体的分子性别鉴定结果见表一。M1的3个样本均为女童，M2北侧为一女性，南侧为一男性。对于M1，由于未成年人的性别尚未发育完善，传统的体质测量学观察存在较大的困难。因此，本次DNA鉴定在一定程度上弥补了体质测量方法上的不足。

表一 本次研究样本的基本信息

样本编号	来源	部位	保存状况	年龄	Qubit定量（ng/ul）	性别
B160606	M1西室	肢骨	良好	6～7岁	0.904	女
B160607	M2北侧	牙齿	良好	35～40岁	1.67	女
B160608	M2南侧	牙齿	良好	18～20岁	1.75	男
B160609	东室门口	肢骨	一般	2岁	0.912	女
B160610	东室西北角	肢骨	较差	1岁	6.7	女

4.2 亲缘关系鉴定

M1的3个未成年儿童和M2的2个成年个体的亲缘关系鉴定见表二。根据常染色体15STR的分析结果，M1样本B160606不是M2样本（B160607和B160608）的直系后代，即非M2夫妇的女儿。另外，由于DNA提取液内DNA本身模板量较低，且存在严重的降解、损伤和大量的PCR抑制剂，M1的两个婴儿样本（B160609和B160610）通过现有的试剂盒复合扩增效果不太理想，因此，暂时无法进一步判断其与M1之间的亲缘关系。

4.3 族源鉴定

传统的体质测量方法对人骨进行测量以后再根据测量资料进行种族成分的分析。但是该方法存在一定的局限性。我们将性别鉴定明确显示为男性的样本（B160608）进一步鉴定父系遗传类型，探讨其父系来源。Y染色体17STR的结果见表三。根据其检出的8STR单倍型，我们推测其遗传类型为C3南支－F948+,F3880+。基于SnaPshot的mini-panel验证确定了其父系遗传类型为C3南支－F948+,F3880+。C3-M217是东亚常见谱系中分布最广的遗传类型，在蒙古和西伯利亚群体中最高频出现。C3-M217分为南北两支，在中国的人口中能占到10%左右。汉族的C3基本都属于南支，且存在一个6000多年前的扩张[1]。单倍群C3南支－F948+,F3880+在中国北方汉族中尤为高频。

---

[1] Yan Shi, et al., Y Chromosomes of 40% Chinese Descend from Three Neolithic Super-Grandfathers. *PLoS One*, 2014,9(8): e105691.

表二　本次研究涉及的5个样本的常染色体STR分型结果

编号	D8S1179	D21S11	D7S820	CSF1PO	D3S1358	TH01	D13S317	D16S539	D2S1338	D19S433	vWA	TPOX	D18S51	AMEL	D5S818	FGA
B160606	14,16	30,31	—	—	14,15	—	—	—	—	14	—	—	—	X	12	—
B160607	14,16	30,31	11,12	—	14,15	8,9	8	11	—	14,10.2	14,17	8	14	X	12	21,24
B160608	12,14	29	—	—	14,15	7,9	8	—	—	13,15	16,17	8	—	XY	11,17	22,24
B160609	—	—	—	—	—	—	—	—	—	—	—	—	—	—	—	—
B160610	—	—	—	—	—	—	—	—	—	—	—	—	—	—	—	—

表三　M2男性样本（B160608）的Y染色体17-STR分型结果

编号	DYS19	DYS389I	DYS389b	DYS390	DYS391	DYS392	DYS393	DYS437	DYS438	DYS439	DYS448	DYS456	DYS458	DYS635	GATA-H4	DYS385a	DYS385b
B160608	—	13	—	—	10	—	15	14	—	—	—	15	17	21	—	11	—

附

录

五 分析和讨论

本次古DNA研究大致能得到如下结论：

M2墓葬中为一男一女两具遗骨，南侧男性遗骸的父系遗传类型为C3南支−F948+,F3880+，该遗传类型在北方汉族中最为常见。M1墓葬中3个未成年个体中，西室为6岁女童，常染色体STR亲缘鉴定排除了她与M2墓葬中夫妇的直系亲缘关系。东室中2岁和1岁女婴，因为年龄较小，骨壁较薄，DNA降解相对较为严重，复合扩增往往效果不理想，如使用AmpFlSTR® Identifiler® Plus PCR Amplification Kit 等常用试剂盒无法检出，本课题组针对 amelogenin 基因和SRY基因设计的引物，能有效实现性别鉴定。

鉴于上述情况，后续本课题组将对山东临沂洗砚池晋墓遗骸展开基于高通量测序的古DNA研究。将主要针对两个问题：1）进一步理清5个遗传间的亲缘关系，尤其是M1东室的两个婴儿与其他个体间的亲缘关系；2）寻找王氏、司马氏等家族的可靠遗骨，与洗砚池遗骸进行比对，进一步确定墓主的真实身份。

临沂洗砚池晋墓

后　记

　　临沂洗砚池晋墓发掘已经过去十多年，由于种种原因，发掘资料的整理和报告的编写工作进展缓慢，在郑同修、曹首娟等同志的积极协调下，考古报告的编写工作终于完成并付梓出版，算是给学术界一个交代。

　　洗砚池晋墓是在王羲之故居公园扩建工程中偶然发现的，晋墓发掘工作得到了临沂市委、市政府的高度重视，当时的临沂市文化局领导对该项工作做了精心安排，临沂市市容、公安、财政等部门给予了大力支持，公园建设工程部门密切配合，当时的临沂市文物保护办公室和市博物馆全体同志几乎全部参加了考古发掘或文物初步清理和清点工作。因此，考古发掘和资料整理编写工作是集体劳动的结果。

　　报告的第一、二、三章由邱波、张子晓负责初稿的编写，第四章由郑同修负责编写。书稿完成后，由郑同修统一负责修改、定稿。墓葬结构部分线图由冯沂绘制，张胜现、张子晓、刘晓亮、李玉梁又对墓葬结构重新进行了测绘，文物摄影由李斌完成，器物线图由张胜现、许姗完成初稿，许姗又对所有线图进行了核查和清绘工作。英文提要由中央民族大学黄义军教授翻译。

　　临沂市文化广电新闻出版局、临沂市文物局、临沂市博物馆有关领导对报告的整理出版给予了大力支持，临沂市博物馆文物保护工作人员、安全保卫人员对文物的整理给予了全力配合。

　　发掘工作中，山东省博物馆孔庆生对一号墓人骨进行了现场勘查和初步鉴定，中国社会科学院考古研究所王明辉对所有人骨进行了鉴定，复旦大学现代人类学教育部重点实验室又对晋墓出土人骨进行了古DNA鉴定研究。

　　文物出版社编辑秦彧、王伟在报告出版编辑工作中付出了辛苦的努力。

　　值此报告出版之际，谨对以上相关单位与个人表示诚挚的谢意！

　　为更方便读者阅读和使用，我们尝试报告的编写采取文、图、照片对应编排的体例，但由于编者水平所限，不足之处在所难免，敬请大家批评指正。

编者

2016年4月